칸반과 스크럼

Kanban and Scrum
by Henrik Kniberg

Copyright ⓒ 2010 C4Media Inc.
Korean Translation copyright ⓒ 2013 Insight Press
This Korean edition was published by arrangement with Henrik Kniberg, Stockholm through Agency-One, Seoul.

이 책의 한국어판 저작권은 에이전시 원을 통해 저자와의 독점 계약으로 인사이트에 있습니다.
저작권법에 의해 한국 내에서 보호를 받는 저작물이므로 무단전재와 무단복제를 금합니다.

칸반과 스크럼

초판 1쇄 발행 2013년 5월 13일 **3쇄 발행** 2020년 3월 20일 **지은이** 헨릭 크니버그, 마티아스 스카린 **옮긴이** 심우곤, 인범진 **펴낸이** 한기성 **펴낸곳** 인사이트 **편집** 송우일 **제작·관리** 신승준, 박미경 **출력·인쇄** 현문인쇄 **용지** 월드페이퍼 **후가공** 이지앤비 **제본** 자현제책 **등록번호** 제2002-000049호 **등록일자** 2002년 2월 19일 **주소** 서울시 마포구 연남로 5길 19-5 **전화** 02-322-5143 **팩스** 02-3143-5579 **블로그** http://blog.insightbook.co.kr **이메일** insight@insightbook.co.kr **ISBN** 978-89-6626-080-5 책값은 뒤표지에 있습니다. 잘못 만들어진 책은 바꾸어 드립니다. 이 책의 정오표는 http://blog.insightbook.co.kr에서 확인하실 수 있습니다. 이 도서의 국립중앙도서관 출판예정도서목록(CIP)은 서지정보유통지원시스템 홈페이지(http://seoji.nl.go.kr)와 국가자료공동목록시스템(http://www.nl.go.kr/kolisnet)에서 이용하실 수 있습니다.(CIP제어번호: CIP2013005401)

칸반과 스크럼

헨릭 크니버그 · 마티아스 스카린 지음

심우곤 · 인범진 옮김

목차

옮긴이의 글 | 7
추천의 글 - 메리 포펜딕 | 11
추천의 글 - 데이비드 앤더슨 | 13
들어가기 | 21

1부 비교 | 25

1. 도대체 스크럼과 칸반은 무엇인가? | 27
2. 스크럼과 칸반은 서로 어떤 연관성이 있는가? | 31
3. 스크럼은 역할을 규정한다 | 37
4. 스크럼은 기간이 고정된 이터레이션을 규정한다 | 39
5. 칸반은 워크플로 상태별로, 스크럼은 이터레이션별로 WIP을 제한한다 | 43
6. 둘 다 경험적이다 | 47
7. 스크럼은 이터레이션 내에 변경을 허용하지 않는다 | 55
8. 스크럼 보드는 이터레이션마다 초기화된다 | 57
9. 스크럼은 교차 기능 팀을 규정한다 | 59
10. 스크럼 백로그 아이템들은 한 스프린트에 맞아야 한다 | 63
11. 스크럼은 추정과 속도를 규정한다 | 65
12. 둘 다 여러 제품의 동시 개발을 허용한다 | 67
13. 둘 다 린하고 애자일하다 | 69
14. 사소한 차이점 | 71
15. 스크럼 보드와 칸반 보드: 간단하지만 의미 있는 예제 | 77
16. 스크럼과 칸반 비교 요약 | 85

2부 사례 연구 | 87

17. 기술 운영 업무의 본질 | 89
18. 도대체 변화는 왜 있을까? | 91
19. 어디서부터 시작하지? | 93
20. 시작하기 | 95
21. 시동 걸기 | 97
22. 이해당사자들과 접촉하기 | 99
23. 보드 처음 만들기 | 101
24. 진행 중인 일의 개수(WIP) 리밋 처음 설정하기 | 105
25. WIP 리밋 지키기 | 107
26. 칸반 보드에는 어떤 작업이 올라가는가? | 109
27. 어떻게 추정하는가? | 111
28. 그래서 정말 어떻게 일했나? | 113
29. 적합한 방식으로 계획하기 | 119
30. 무엇을 측정할 것인가? | 123
31. 변화는 어떻게 시작되었나? | 127
32. 일반적인 교훈들 | 133

마지막으로 명심할 것 | 137
지은이 소개 | 139

옮긴이의 글

처음 스크럼을 적용한 일부 팀들의 반응은 열광적이었습니다. 그동안 지시만 받아 일을 해오던 팀은 적극적이고 활기가 넘쳤고, 리더는 팀의 진행 상황을 가시적으로 볼 수 있는 것을 넘어 팀 스스로 학습하는 모습에 만족했습니다.

하지만 그런 사례를 바탕으로 회사의 여러 사람에게 소개하자 반응은 시큰둥했습니다. 몇몇 팀을 대상으로 하기도 하고, 조직 구성원과 책임자에게 소개도 해봤습니다만 "우리 환경에는 적합하지 않다(Not Applicable Here)"라는 반응이 대부분이었습니다. 스크럼에서 제시하는 대로 팀을 꾸릴 수도 없고, 제품 책임자 역할을 수행할 사람·회의체도 없고, 기능 단위로 세분화된 팀은 협력을 기대하기도 어려웠습니다. 더욱이 '팀이 할 수 있는 만큼 일을 가져갈 수 있는' 팀은 극히 드물었습니다. 예측할 수 없이 끊임없이 들어오는 업무가 스크럼을 하려는 팀을 무력화했습니다.

당황하긴 했지만 예상했던 반응이었습니다. 그래서 스크럼을 회사 실정에 맞게 적응시키려는 시도를 했지만 아쉬운 점이 여전히 많았습니다. 그러던 중 애자일 2010 콘퍼런스에서 칸반(Kanban)을 접했습니다. 벌써 일부 기업은 전사적으로 칸반을 적용하여 괄목할 만한 성과를 보고하고 있었습니다. 그러나 칸반이 주목받기 시작하면서 '도대체 스크럼과 무슨 차이가 있는가?', '칸반을 언제 써야 하는가?'에 대한 질문들이 쏟아져 나왔고 당시에 칸반은 유행어이자 수수께

끼 같았습니다.

여러 자료를 통해 칸반은 회사에서 걸림돌로 제기되었던 것들을 극복할 수 있어 보였습니다. 안타깝게도 스크럼과 비슷하다는 점 때문에 스크럼을 실패했던 팀이 오히려 칸반에 저항했지만, (스크럼이 적합하지 않은 환경에서) 적용한 일부 팀에서는 사이클 타임이 90% 가량 단축되는 놀라운 성과를 보였습니다. 경험적으로 신규 제품 개발에는 스크럼이 적합했고, 사무직이나 출시 후 유지 보수 단계에서는 칸반이 유효했습니다. 가장 중요한 점은 이 팀의 성공이 칸반 자체에 있기보다 팀의 문제를 팀원 전체가 함께 협력해 해결했기 때문이라는 점입니다.

재담꾼 헨릭은 이 책을 통해 스크럼과 칸반에 대해 일목요연하고 분명하게 정리해냈습니다. 칸반에 대해 알기 쉽고 짧게 풀어 쓴 입문서로 이 책을 추천합니다. 스크럼을 알고 있는 독자들은 개념을 더욱 분명히 잡게 될 것입니다.

칸반은 외부에서 들어오는 요구를 쉽게 통제할 수 없는 상황에서도 어떻게 일을 효율적으로 진행할 수 있을지에 대한 고민의 산물입니다. 여러분 조직이 높은 생산성을 달성할 수 있는 조직으로 바뀌는 데 칸반이 충분한 역할을 할 수 있으리라 확신합니다.

하지만 실제 적용할 때에는 이 책만으로는 충분하지 않을 것입니다. 인터넷에서 칸반에 대한 자료를 참고하길 추천합니다. 특히, 이 책의 추천사를 쓴 데이비드 앤더슨의 책 『Kanban: Successful Evolutionary Change for Your Technology Business』를 볼 것을 적극 추천합니다. 그의 구체적이고 실질적인 경험과 지침들은 칸반을 여러분의 조직에 적용하는 데 (이 책과 더불어) 큰 도움이 될 것입니다.

명심하십시오. 칸반이 팀의 문제를 해결해 주지는 않습니다. 가장 중요한 것은 팀의 협력과 커뮤니케이션입니다. 계속 실험하며 적응해 나가십시오.

— 역자 심우곤, 인범진

감사의 글

번역하는 중에 결혼을 했다. ^o^ 오랜 기간 기다려주신 인사이트 한기성 사장님께 감사하고, 든든한 힘이 되어 주시는 양가 부모님과 동생 내외에게 감사한다. 특히 늘 곁에서 나를 격려하고 기도해주는 소중한 아내 은미, 당신이 곁에 있어서 행복합니다. 끝으로 재능을 주신 하나님께 감사드린다.

— 심우곤

존경하고 사랑하는 아내에게 감사한다. 더불어 뜻을 함께하고 있는 애자일 개발 팀 팀원들에게 감사한다.

— 인범진

추천의 글

헨릭 크니버그(Henrik Kniberg)는 복잡한 상황 속의 본질을 끄집어내고, 우발적으로 나타나는 혼란으로부터 핵심 아이디어를 가려내며, 믿기 어려울 정도로 명쾌하고 이해하기 쉽게 설명할 수 있는 능력을 지닌 몇 안 되는 사람입니다. 헨릭은 이 책에서 스크럼과 칸반의 차이를 설명하는 놀라운 작업을 해냈습니다. 그는 그것들은 단지 도구일 뿐이므로 여러분이 정말로 해야 하는 것은 스크럼과 칸반 각각의 강점과 한계점을 이해하면서 잘 사용하는 것이라고 합니다.

이 책에서 독자들은 칸반이란 무엇인지, 그 강점과 한계점은 무엇인지, 언제 사용하는지에 대해 배울 것입니다. 또 언제 어떻게 스크럼을 개선할 것인지와 언젠가 사용할지 모를 기타 도구들에 대한 좋은 교훈을 얻게 될 것입니다. 헨릭은 어떤 도구를 사용하기 시작했느냐가 아니라, 그 도구를 사용하는 방법을 지속적으로 개선하고 오랜 시간 도구 집합을 확장해 나가는 것이 핵심이라고 강조합니다.

이 책의 후반부는 마티아스 스카린(Mattias Skarin)이 맡았는데, 실제 삶에서 스크럼과 칸반을 적용한 사례들을 살펴볼 수 있게 하여 더 효과적으로 만들었습니다. 이 부분에서 독자들은 소프트웨어 개발 프로세스를 개선하기 위하여 어떻게 이 도구들을 개별적으로 또는 함께 사용했는지 그 사례들을 접할 것입니다. 여러분은 일을 하는 데 오직 한 가지 '최고'의 방법은 존재하지 않음을 깨닫게 될 것이며, 자신의 상황에 맞추어 스스로 고찰해 보고 더 나은 소프트웨어 개발을 향한 다음 발걸음을 찾아야만 합니다.

— 메리 포펜딕(Mary Poppendieck)

추천의 글

칸반은 매우 단순한 생각에 기반을 둡니다. 진행 중인 작업(재공재고, Work In Progress: WIP) 개수를 제한하고, 새로운 작업을 시작하려면 현재 작업을 다음 단계로 전달하거나 다음 단계에서 당김 방식(pull system)으로 현재 작업을 가져가야 합니다. 칸반(또는 신호 카드)은 현재 작업 개수가 합의된 제한 숫자에 도달하지 않았을 때 새 작업을 당길 수 있다는 것을 알려주는 시각적인 신호가 만들어짐을 뜻합니다. 이것만 봐서는 칸반이 아주 혁명적으로 보이지도 않고 성과, 문화, 팀의 역량, 성숙도, 주변 조직에 지대한 영향을 미칠 것 같지도 않습니다. 하지만 칸반은 실제로 엄청나게 놀라운 일을 해냅니다! 칸반은 그저 작은 변화처럼 보이지만 비즈니스 측면에서 모든 것을 바꿉니다.

우리가 칸반에 대하여 깨달은 점은 칸반은 관리 방식을 바꾸려는 시도라는 것입니다. 칸반은 소프트웨어 개발 또는 프로젝트 관리에 관한 생명 주기나 프로세스가 아닙니다. 칸반은 기존 소프트웨어 개발 생명 주기나 프로젝트 관리 방법론에 변화를 주는 접근입니다. 칸반의 원칙은 여러분이 현재 하고 있는 일이 무엇이든 간에 그것부터 시작하는 것입니다. 가치 흐름에 매핑하여 현재 프로세스를 이해하고, 그 프로세스의 각 단계에 WIP 개수 제한(리밋)을 두는 것에 합의합니다. 그리고 나서 칸반 카드가 생성되면 당김 방식으로 시스템 전체에 작업을 흘려보내기 시작합니다.

칸반은 애자일 소프트웨어 개발 방식을 실천하는 팀에 유용함이 증명되고 있으며, 이와 동일하게 전통적인 소프트웨어 개발 방식을 택하는 팀에서도 관심을 받고 있습니다. 칸반은 조직 문화를 바꾸고 지속적인 개선을 장려하는 린 운동의 일환으로 도입되고 있습니다.

칸반 시스템에서는 WIP 리밋이 있기 때문에, 어떤 이유든 하나라도 진행이 막힌다면 시스템 전체 흐름을 막게 됩니다. 일정 양의 작업이 막히면 전체 프로세스가 서서히 멎게 됩니다. 이는 문제 해결을 위해 팀 전체와 광범위한 조직이 서로 협력하게 하고, 막힌 작업들을 재개함으로써 시스템 흐름을 회복하는 효과를 가져옵니다.

칸반은 작업이 가치 흐름의 여러 단계 중 어느 곳에 있는지 추적하는 데 시각적 통제 메커니즘을 사용합니다. 전형적으로 화이트보드에 포스트잇이나, 전자 카드 벽 시스템(electronic card wall system)•이 사용됩니다. 둘 다 사용하는 것이 최고의 실천법일 것입니다. 이것이 만들어 내는 투명성은 문화적인 변화에도 기여합니다. 애자일 방법론들은 완료된 작업과 속도(velocity: 이터레이션 내에 완료된 작업 개수) 같은 지표를 보고함으로써 WIP에 대한 투명성을 제공하기에 유용합니다. 하지만 칸반은 한 걸음 더 나아가서 프로세스 자체와 프로세스 흐름

- 전자 카드 벽 시스템(electronic card wall system): 카드를 사용하는 상황판에 RFID 기술을 적용하여, 애자일 계획 수립 소프트웨어와 연동할 수 있도록 하는 전자 시스템으로 http://www.cardwalls.com을 사례로 참고하기 바란다..

의 투명성을 제공합니다. 칸반은 병목 지점과 대기열, 변동, 낭비를 드러내는데 이것들은 모두 조직 성과에 영향을 미칩니다. 여기서 조직 성과는 고객에게 전달한 가치 있는 작업 개수와 전달하기까지 소요된 사이클 타임입니다. 칸반은 팀원들과 외부 이해당사자들에게 그들이 어떤 행동을 했을 때(또는 아무 행동도 하지 않았을 때)의 결과를 시각화합니다. 그 때문에 초기 사례 연구에서 칸반이 작업 공간 내에서의 행위를 바꾸고 엄청나게 협업을 장려하는 것을 살펴볼 수 있습니다. 병목 지점과 낭비, 변동에 대한 가시성과 영향도는 개선에 대한 토론을 유발하고 도출된 개선점을 팀이 자신들의 프로세스에 신속하게 구현하도록 합니다.

결론적으로 칸반은 기존 프로세스의 점진적인 진화와 애자일과 린(Lean)의 가치에 입각한 진화를 장려합니다. 칸반은 사람들이 일하는 방식을 단번에 싹 바꾸기보다는 천천히 조금씩 바꾸기를 권합니다. 이는 작업자와 그들의 협력자들(유관 부서 사람들) 간에 합의를 통해 이해하고 동의하는 변화입니다.

당김 방식의 본질에 따라, 칸반은 또한 새로운 작업에 우선순위를 부여하는 것과 기존 작업을 고객에게 인도하는 것 모두에 대해 확정을 늦추자고 강조합니다. 전형적으로 팀은 상위 이해당사자들과의 미팅을 위해 우선순위를 정기적으로 부여하는 리듬을 갖는 것에 동의하고, 다음에 어떤 일을 할지 결정할 것입니다. 이러한 미팅은 통상 아주 짧아서 자주 할 수 있습니다. 대답해야 하는 아주 단순한 질문은, 예를 들어 "지난 미팅 후에 슬롯 두 개가 비었습니다. 현재 고객에게 인도하는 사이클 타임은 6주입니다. 지금부터 6주 뒤에 가장 먼저 전달받고 싶은 두 가지는 무엇입니까?" 등이 있습니다. 이 질문은 두 가지 영향을 미칩니다. 간단한 질문을 던지면 일반적으로 답을 빨리 유도할 수 있고, 양질의 답변을 얻을 수 있으므로 미팅 시간을 짧게 유지할 수 있습니다. 질문의 본질은 결정해야 할 마지막 순간까지 어떤 일을 할지 확정을 미루는 데 있습니다. 이것은 기대치 관리, 확정부터 고객 인도까지 사이클 타임 단축, 우선순위 변경 기회를 최소화해 재작업을 제거함으로써 기민성을 높입니다.

칸반에 대해 마지막으로 할 수 있는 말은 WIP 리밋을 두는 것이 사이클 타임 예측도를 높이고 납기 신뢰성을 높인다는 것입니다. 장애와 결함에 대한 '라인 정지'** 접근법은 매우 높은 수준의 품질과 재작업률 감소에 효과적입니다.

이런 모든 것은 이 책의 놀랍도록 명쾌한 설명을 통하여 분명해지겠지만 여전히 모호한 것이 남아 있을 것입니다. 칸반은 반나절 만에 몇 가지 놀라운 깨달음을 얻어 적용하는 것이 아닙니다. 그 결과가 나타나는 데는 여러 해가 걸립니다. 처음에 칸반을 적용하면서 문화

•• 작업 품질에 문제가 있을 때 묵인하지 않고 진행 절차를 멈춰 문제가 된 작업의 품질 수준을 확보한 후 진행을 재개하는 전략

를 바꾸는 심오한 심리학적이고 사회학적인 여러 효과와 조직 역량이나 성숙은 전혀 생각지도 못했지만, 나중에 그런 것들을 발견하게 되었습니다. 칸반을 통한 많은 결과는 직관적이지 않습니다. WIP 리밋과 당김 방식 같은 매우 기계적인 접근 방법이 실제로 사람들에게 어떤 심오한 영향을 미치고, 그들이 다른 사람들과 어떻게 교류하고 협동하게 만드는지 살펴보십시오. 저와 초기에 칸반에 참여했던 사람들 누구도 이것을 예상하지 못했습니다.

저는 변화에 가장 저항이 적을 만한 접근법으로 칸반을 채택, 추진하였습니다. 2003년 초 제게 이것은 분명했습니다. 그리고 칸반을 적용하면 얻을 수 있는 당연한 이익을 얻기 위해 노력했습니다. 제가 그 무렵 린 기술을 적용하면서 깨달은 것은 WIP을 관리하는 것이 타당하다면, WIP에 제한을 두는 것은 더 타당하다는 점이었습니다. WIP에 제한을 두는 것은 WIP을 관리하고 제한하는 것 이상의 관리 노력을 요구했습니다. 따라서 2004년에 저는 첫 번째 원칙인 당김 시스템을 구현하기로 결심하였습니다. 그때 마이크로소프트의 관리자가 저를 찾아와 자신의 팀을 변화시키는 것을 도와 달라고 요청하였고 그 기회를 잡았습니다. 그 팀은 내부 IT 애플리케이션 업그레이드를 관리하고 있었습니다. 처음에는 DBR(Drum-Buffer-Rope)로 알려진 제약이론(Theory of Constraints) 당김 시스템 솔루션을 바탕으로 구현하였고 매우 성공적이었습니다. 사이클 타임이 92% 감소되었고, 수율이 세 배 이상 증가하였으며 예측도(완료 일자 준수율)는 98%로 아주 좋았습니다.

2005년 사이클 타임 단축의 선구자이며 쾌속 제품 개발 컨설턴트인 도널드 라인센(Donald Reinertsen)이 완전한 칸반 시스템을 구현해 볼 것을 제게 제안했습니다. 2006년 시애틀에 위치한 코비스(Corbis)에서 소프트웨어 엔지니어링 부서를 맡았을 때 그 기회를 얻었고 2007년부터 결과를 얻기 시작했습니다. 그 결과를 2007년 5월 시카고에서 열린 Lean New Product Development Summit에서 첫 번째 발표를 했고, 그해 8월 워싱턴 DC에서 열린 Agile 2007의 오픈 스페이스에 들고 갔습니다. 25명이 참석했는데 그들 중 3명은 야후에서 온 사람들로 아론 샌더스(Aaron Sanders), 칼 스코트랜드(Karl Scotland), 조 아놀드(Joe Arnold)였습니다. 이들은 이후 캘리포니아와 인도, 영국에 각자 복귀하여 자기 팀에 칸반을 적용했습니다. 그 팀들은 이미 스크럼을 겪어본 팀이었습니다. 또한 그들은 야후 토론 그룹을 개설했는데 이 글을 쓰는 시점에 회원이 800여 명에 육박했습니다. 칸반은 점차 확산됐으며 초기 수용자들은 서로의 경험을 이야기 하고 있습니다.

2009년 현재 칸반 도입이 늘어나고 있으며 더욱 더 많은 현장 보고서가 올라오고 있습니다. 우리는 지난 5년간 칸반에 대해 많이 배웠으며 매일 꾸준히 더 많이 배우고 있습니다. 저는 칸반을 더 잘 이해하고 다른 이들에게 더 잘 설명하기 위해 칸반을 적용하고, 칸반에 대한 글을 쓰고, 칸반에 대해 발표하고, 칸반을 생각하는 데 집중해 왔습니다. 2008년에 칸반이 애자일과 일맥상통하는 접근법으로 볼 수 있다는 설명을 하는 데 노력을 약간 기울이기도 했지만, 저는 칸반을 다른 애자일 방법들과 비교하는 데 있어 신중한 입장을 취해 왔습니다.

저는 "칸반과 스크럼이 무슨 차이가 있나요?" 같은 질문들에 답하는 것을 저보다 경험이 더 풍부한 사람들에게 미뤄두고 있었습니다. 헨릭 크니버그와 마티아스 스카린이 이렇게 나서주어 매우 기쁩니다. 현장의 지식 근로자인 여러분이 정보에 근거한 의사 결정을 내리고 일을 진전시켜 나가려면 정보가 필요합니다. 헨릭과 마티아스는 제가 할 수 없었던 방법으로 그 필요를 채워줍니다. 저는 특히 헨릭의 비교에 대한 사려 깊은 접근 방식과, 사실에 기반을 두면서 자기 의견을 고집하지 않는 균형 잡힌 정보 전달에 깊은 감명을 받았습니다. 그의 그림과 삽화들은 무척 통찰력이 있어서 여러 쪽의 글을 읽는 수고를 덜어줍니다. 마티아스의 현장 사례 연구는 중요합니다. 그의 연구는 칸반이 이론에만 머무르지 않는다는 것을 보여주고, 조직에서 여러분에게 칸반이 어떻게 유용할지 예를 들어 주기 때문입니다.

저는 여러분이 칸반과 스크럼을 비교해가면서 이 책을 즐기길 바라며 이를 통해 애자일 전반에 관하여, 그리고 특히 칸반과 스크럼에 관하여 더 나은 통찰을 얻게 되길 바랍니다. 칸반에 대해 더 배우고 싶다면 우리 커뮤니티 사이트인 The Limited WIP Society(http://www.limitedwipsociety.org)를 방문해 주기 바랍니다.

— 데이비드 앤더슨(David J. Anderson)
미국 워싱턴 주 세쿼엄에서 2009년 7월 8일

들어가기

우리는 통상 저술 활동을 하지 않습니다. 책을 쓰는 것보다는 실무에 깊숙이 관여하여 고객을 도와 고객의 개발 프로세스와 조직을 최적화하고 결함을 수정하고, 리팩터링하는 데 시간을 보내기를 선호합니다. 그렇지만 최근에 분명한 추세를 감지하였기에 그것과 관련한 몇 가지 생각을 나누고자 합니다. 여기 전형적인 사례가 있습니다.

짐 드디어 스크럼의 모든 것을 경험했어!
프레드 그래? 잘 되고 있어?

짐 글쎄, 전보다는 훨씬 나아지긴 했지..
프레드 그런데?

짐 하지만 너도 알다시피 우리는 유지 보수와 지원을 담당하는 팀이잖아.
프레드 그렇지. 그래서?

짐 음, 제품 백로그에서 우선순위를 결정하는 것, 스스로 조직화하는 팀, 일일 스크럼 미팅, 회고 등 모든 것이 마음에 들어.
프레드 그런데 뭐가 문제야?

짐 스프린트가 계속 실패하고 있어.
프레드 어째서?

짐 2주짜리 계획을 달성하기가 너무 힘들더라고. 반복 개발은 우리하고 잘 맞지 않는 것 같아. 우리는 당일에 가장 시급한 것들 위주로만 일을 하거든. 혹시 반복 주기를 1주일로 해야 하는 걸까?
프레드 1주 안에 일을 마무리 지을 수는 있어? 한 주간 일에 집중할 수 있는 환경이 돼?

짐 아니, 우리는 날마다 이슈가 튀어나오거든. 하루짜리 스프린트를 한다면 모를까.
프레드 이슈들은 하루 안에 다 수정할 수 있어?

짐 아니, 가끔 며칠씩 걸리기도 해.
프레드 그럼 하루짜리 스프린트로 가져가도 안 되겠는걸. 스프린트들을 통째로 없애버릴 생각은 안 해봤어?

짐 음, 솔직히 그러고 싶어. 하지만 스크럼에 위배되잖아?
프레드 스크럼은 단지 도구일 뿐이야. 네가 언제, 어떻게 사용할지를 결정하는 거야. 도구의 노예가 되지 마!

짐 그러면 이제 뭘 해야 할까?
프레드 칸반이라고 들어봤어?

짐 그건 뭐야? 그게 스크럼이랑 뭐가 다른데?

프레드 여기, 이 책을 읽어봐!

짐 하지만 난 정말 스크럼의 나머지 것들은 마음에 드는데, 지금 갈아타야만 해?

프레드 그럴 필요는 없어, 기법들을 결합해서 사용하면 되지!

짐 뭐라고? 어떻게?

프레드 우선 책을 읽어봐.

이 책의 목적

애자일 소프트웨어 개발에 대해 관심이 있다면 스크럼에 대해서는 분명히 들어봤을 것이고, 칸반은 생소할 수도 있을 것입니다. 우리가 자주 계속해서 들어온 한 가지 질문은 "그러면 칸반은 무엇이고, 스크럼과는 무슨 차이가 있나요?"였습니다. 즉, 서로 어떤 부분을 보완해 주는지, 잠재적인 충돌은 없는지가 궁금한 것이었죠.

이 책의 목적은 칸반과 스크럼을 여러분의 환경에 유용하게 사용하는 방법을 깨달을 수 있도록, 안개를 걷어내는 것입니다.

이 책이 도움이 되었다면 알려주세요!

1부
비교

이 책의 전반부에서는 스크럼과 칸반에 대한 객관적이며 실무적인 비교를 해보려고 한다. 내용은 2009년 4월에 쓴 「Kanban vs. Scrum」(http://blog.crisp.se/2009/04/03/henrikkniberg/1238795520000)이라는 원문을 조금 수정한 것이다. 그 글이 널리 알려지게 되면서 출간을 결심하게 되었고, 동료인 마티아스에게 우리 고객사 중 한 곳의 '실전' 사례 연구를 곁들여 보자고 권유했다. 결과는 아주 성공적이었다! 사례 연구부터 보고 싶다면 2부로 건너뛰어도 좋다. 절대 상심하지 않을 거다. 뭐, 조금은 상처받을지도 모르지만.

— 헨릭 크니버그

도대체 스크럼과 칸반은 무엇인가? 1

자! 스크럼과 칸반을 각각 100단어 이내로 요약해보자.

스크럼 요약

- 조직을 작고, 교차 기능적이며 자기 조직적인 팀으로 쪼개라.

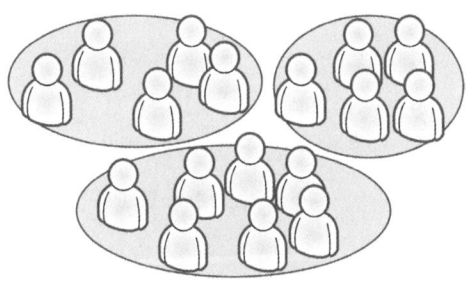

- 일을 출시 가능한 작은 단위의 목록으로 나누라. 목록을 우선순위에 따라 정렬하고 각 항목에 대해 상대적인 노력을 추정하라.

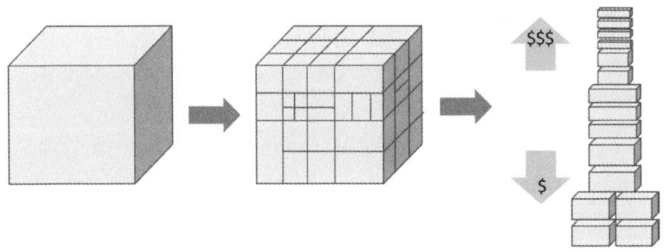

- 시간을 짧고 고정된 길이의 이터레이션(통상 1~4주)으로 나누고, 이터레이션을 마칠 때 잠재적으로 출시 가능한 코드를 시연하라.

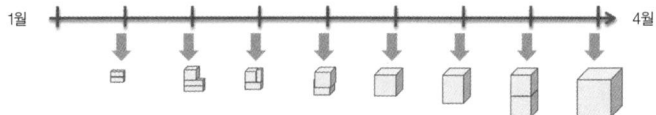

- 출시 계획을 최적화하고, 매 이터레이션 이후 결과물을 검토하면서 얻어진 지식(통찰력)을 바탕으로 고객과 협업을 통하여 우선순위를 수정하라.
- 이터레이션을 마칠 때마다 회고를 실시하여 프로세스를 최적화하라.

따라서 우리는 대규모 조직에서 오랜 시간 동안 커다란 것을 만들기보다는 **소규모 팀**에서 **짧은 시간** 동안 **작은 것**을 만들도록 한다. 단, 전체적인 모습을 볼 수 있게 **정기적으로 통합**한다.

약 90단어, 성공했다.

더 상세한 내용은 『Scrum and XP from the Trenches』(『스크럼과 XP: 애자일 최전선에서 일군 성공 무용담』, 심우곤·한주영·엄위상 옮김, 인사이트 펴냄)을 참고하길 바란다. 이 책은 무료로 온라인(http://www.crisp.se/ScrumAndXpFromTheTrenches.html)에서 볼 수 있다. 내가 저자를 아는데 괜찮은 사람이다. ^o^

더 많은 스크럼 링크는 http://www.crisp.se/scrum을 살펴보자.

칸반 요약

- 작업 흐름을 시각화하라.

- 일을 작은 조각으로 나누고, 카드에 각 항목을 기입한 후 벽에 붙인다.
- 이름이 부여된 열을 사용하여 각 항목이 작업 흐름의 어디에 있는지 표시한다.
• WIP(작업 중인 일) 개수를 제한하라. 각 작업 흐름 상태(단계)별로 작업 중인 항목을 얼마나 허용할 것인지 확실한 수치를 부여한다.
• 리드 타임(한 항목을 완료하는 데 소요되는 평균 시간, 이른바 '사이클 타임')을 측정하고, 리드 타임을 가능한 한 짧고 예측 가능하게 만들 수 있도록 프로세스를 최적화한다.

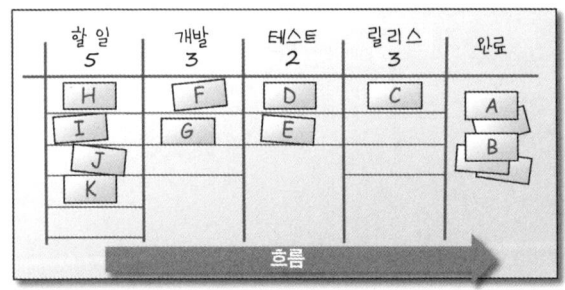

칸반에 관한 유용한 링크들을 http://www.crisp.se/kanban에 모아 놓았다.

스크럼과 칸반은 서로 어떤 연관성이 있는가? 2

스크럼과 칸반은 둘 다 프로세스 도구다
도구 = 작업이나 목적을 달성하려고 사용하는 모든 것
프로세스 = 일하는 방법

스크럼과 칸반은 무엇을 해야 하는지 알려줌으로써 일을 어느 정도 더 효과적으로 처리하는 데 도움을 주는 프로세스 도구다. 자바도 컴퓨터를 프로그래밍하는 간단한 방법을 제공하는 도구이며, 칫솔 역시 치아를 깨끗이 닦는 데 도움이 되는 도구다.

비판이 아닌 이해를 통해 도구를 비교하자
나이프와 포크, 어떤 것이 더 나을까?

상당히 의미 없는 질문이다. 그렇지 않은가? 처한 상황에 따라 답이 달라지기 때문이다. 고기 완자를 먹을 때는 포크가 최선일 것이고,

버섯을 잘게 썰 때는 나이프가 최선일 것이다. 테이블 위에서 드럼 소리를 내려고 한다면 어떤 것이든 괜찮을 것이다. 스테이크를 먹을 때는 아마 두 도구를 함께 사용하길 원할 것이다. 밥을 먹을 때는 어떤 사람들은 포크를 선호할 수도 있지만 다른 사람들은 젓가락을 선호할 수도 있다.

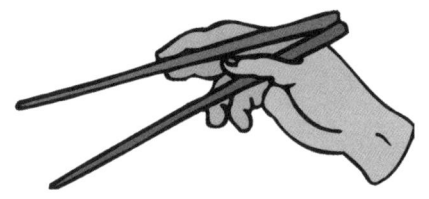

도구를 비교할 때는 주의해야 한다. 비판이 아닌 이해를 통해 도구를 비교하자.

완전한 도구도, 완벽한 도구도 없다

다른 도구와 마찬가지로 스크럼과 칸반 역시 완벽하지도, 완전하지도 않다. 필요한 모든 것을 알려주지 않고 단지 제약 조건과 지침을 약간 제공할 뿐이다. 예를 들어, 스크럼은 기간이 고정된 이터레이션과 교차 기능 팀을 운영하도록 하고, 칸반은 상황판을 사용하며 대기열 크기를 제한할 것을 요구한다.

　흥미롭게도, 도구의 가치가 여러분의 선택권을 제한한다는 것이다. 모든 것을 허용하는 프로세스 도구는 그다지 유용하지 않다. 그런 프로세스를 '멋대로' 프로세스라고 부르거나 아니면 '똑바로 하기' 프로세스라고 부르는 건 어떨까. '똑바로 하기' 프로세스는 제대로 동작한다는 것이 보장된다. 즉, 은탄환이다! 제대로 일이 안 되고 있다면 그 프로세스를 따라 하지 않고 있었던 게 분명하기 때문이다. ^o^

올바른 도구 사용은 성공하도록 도와주지만 성공을 보장해주지는 않는다. 프로젝트 성패를 도구의 성패로 혼동하기 쉽다.

- 좋은 도구 덕택에 프로젝트가 성공한다.
- 형편없는 도구를 썼지만 프로젝트가 성공한다.
- 형편없는 도구 때문에 프로젝트가 실패한다.
- 좋은 도구를 썼지만 프로젝트가 실패한다.

스크럼은 칸반보다 규범적이다

얼마나 많은 규칙을 제시하는지 살펴보면서 도구를 비교할 수 있다. 규범적이라는 것은 '지켜야 할 규칙이 많다'를, 적응적이라는 것은 '지켜야 할 규칙이 적다'를 의미한다. 100% 규범적이라는 것은 모든 규칙이 제공되므로 고민을 할 필요가 없다는 것을 의미한다. 100% 적응적이라는 것은 '멋대로', 즉 규칙이나 제약 사항이 전혀 없다는 것을 의미한다. 살펴본 바와 같이 축의 양극단은 현실적이지 않다.

애자일 방법론들은 종종 경량 방법론이라 부르는데, 특별히 전통적인 방법론들에 비해 덜 규범적이기 때문이다. 사실 애자일 선언문의 첫 번째 신조가 "개인과 상호 작용을 프로세스와 도구보다 가치 있게 여긴다"이다.

스크럼과 칸반 모두 상당히 적응적이지만, 상대적으로 말하면 스크럼이 칸반에 비해 더 규범적이다. 스크럼은 더 많은 제약 사항을 제시하기 때문에 선택의 폭이 좁다. 예를 들어, 스크럼은 기간이 고정된 이터레이션을 사용하라고 기술하지만 칸반은 그렇지 않다.

'규범적인' 대 '적응적인'의 틀로 다른 프로세스 도구들을 비교해 보자.

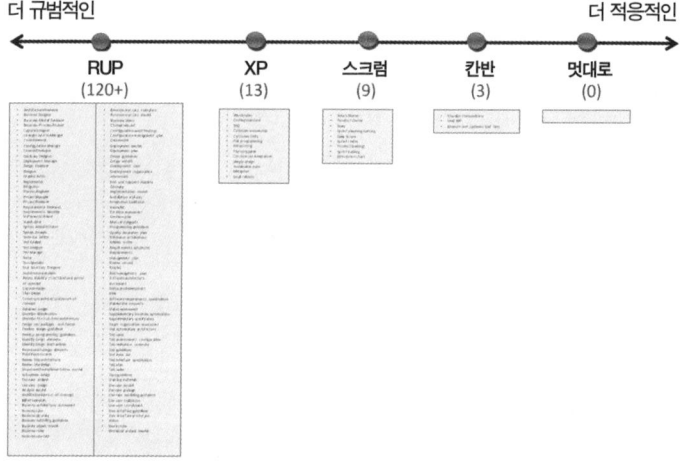

RUP는 상당히 규범적이다. 무려 30개 이상의 역할과 20개 이상의 활동, 70개 이상의 산출물을 정의하고 있다. 학습하기에 어마어마한 양이다. 하지만 그 많은 것을 다 사용할 수는 없고, 프로젝트에 맞게 적합한 부분 집합을 선택해야 할 것이다. 불행하게도 현실적으로 그렇게 하기는 어려워 보인다. "음, 우리한테 형상 감사 결과 산출물이 필요한가요? 변경 통제 관리자 역할이 필요한가요? 확실하지 않으니, 만약을 대비해서 그냥 유지하는 편이 낫겠어요." 이것이 RUP가 결국 스크럼과 XP 같은 애자일 방법론에 비해 상당히 버겁게 실행되는 이유 중 하나다.

XP(eXtreme Programming)는 스크럼에 비해 상당히 규범적이다. XP는 스크럼의 상당 부분에 더해 테스트 주도 개발과 짝 프로그래밍 같이 다분히 구체적인 기술적 실천법을 여럿 포함하고 있다.

스크럼은 XP에 비해 덜 규범적인데, 스크럼은 특정한 기술적인 실천법을 규정하지 않기 때문이다. 하지만 스크럼은 칸반에 비해 규범적이다. 스크럼은 이터레이션과 교차 기능 팀 같은 것들을 규정하고 있기 때문이다.

스크럼과 RUP의 가장 큰 차이점 하나는, RUP를 사용하면 너무 많은 것을 가지고 가서 불필요한 것들을 제거해야 하는 반면, 스크럼을 사용하면 너무 조금밖에 없어서 빠진 것들을 추가해야 한다는 점이다.

칸반은 거의 모든 것이 열린 상태다. 제약 사항이라고는 단지 일의 흐름을 시각화하라는 것과 작업 중인 일의 양을 제한하라는 것뿐이다. '멋대로'와 종이 한 장 차이지만 놀랄 만큼 막강하다.

스스로를 한 가지 도구에 제한하지 말라!

필요한 만큼 도구를 이것저것 섞어 사용하라! 예를 들어, XP의 상당 부분을 채택하지 않은 성공적인 스크럼 팀을 상상하기 어렵다. 많은 칸반 팀이 스크럼 실천법인 일일 스탠드업 미팅을 한다. 일부 스크럼 팀은 백로그 항목의 일부를 RUP 실천법인 유스 케이스로 작성하거나 칸반 실천법인 대기열 크기를 제한한다. 여러분에게 맞는 것이라면 무엇이든 취하라.

이도류(二刀流: 쌍검을 사용하는 검도)로 유명했던 17세기 사무라이 미야모토 무사시는 다음과 같이 말했다.

 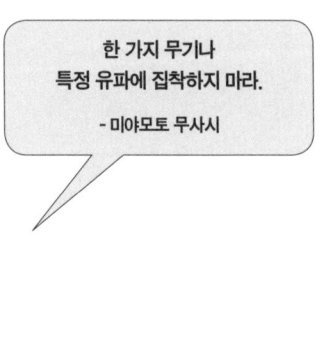

2장 스크럼과 칸반은 서로 어떤 연관성이 있는가? 35

대신 각 도구의 제약에 관심을 기울이라. 예를 들어 스크럼을 적용하면서, 기간이 고정된 이터레이션 또는 기타 스크럼의 핵심 기법들을 사용하지 않기로 결정했다면 스크럼을 적용하고 있다고 말할 수 없다. 스크럼은 그 자체로 최소/최적화되어 있기 때문에 일부를 제외한 채 여전히 스크럼이라고 부른다면, '스크럼'은 의미 없고 혼란스러운 용어로 전락하고 만다. 그럴 때는 '스크럼에서 영감을 받은', '스크럼의 부분 집합' 또는 '유사 스크럼'이라고 불러보는 것은 어떨까. ^o^

스크럼은
역할을 규정한다

3

스크럼은 세 가지 역할을 정의하고 있다. 바로 제품의 비전과 우선순위를 부여하는 제품 책임자, 제품을 구현하는 팀, 장애물을 제거하고 프로세스 리더십을 제공하는 스크럼 마스터다.

칸반은 어떠한 역할도 정의하지 않는다.

이는 칸반을 적용하면서 제품 책임자 역할을 가질 수 없고, 가져서는 안 된다는 의미가 아니다! 꼭 필요한 것이 아니라는 의미일 뿐이다. 스크럼과 칸반 모두, 필요한 역할이라면 무엇이든 자유롭게 추가할 수 있다.

하지만 역할을 추가할 때는 조심해야 하는데, 추가한 역할은 가치를 창출해야 하고 프로세스의 다른 요소들과 충돌해서는 안 된다. 프로젝트 관리자 역할이 필요하다고 확신하는가? 대규모 프로젝트에서는 멋진 아이디어일 수 있다. 프로젝트 관리자가 다수의 팀과 제품 책임자들을 동기화하는 데 도움을 줄 수 있기 때문이다. 소규모 프로젝트에서 프로젝트 관리자 역할은 쓸모없거나, 부분 최적화와 마이크로 매니지먼트를 초래하여 상황을 더 좋지 않게 만들 가능성이 높다.

스크럼과 칸반의 공통적인 마음가짐은 '간결할수록 좋다'는 것이다. 그러므로 확신이 들지 않는다면 작게 시작하라.

앞으로 이 책에서는 '제품 책임자'를 어떤 프로세스가 쓰이는지 상관없이, 팀의 우선순위를 정하는 사람을 나타내는 용어로 사용할 것이다.

스크럼은 기간이 고정된 이터레이션을 규정한다 4

스크럼은 시간이 고정된 이터레이션에 기반을 둔다. 여러분이 이터레이션 길이를 정할 수는 있지만, 얼마 동안은 동일한 이터레이션 길이를 유지함으로써 리듬을 만드는 것이 일반적인 아이디어다.

- 이터레이션 시작: 이터레이션 계획이 만들어진다. 즉, 팀은 제품 책임자의 우선순위와 팀이 생각하기에 한 이터레이션 내에서 얼마나 완료할 수 있을지에 따라 제품 백로그에서 특정 개수의 아이템을 가져온다.
- 이터레이션 중: 팀은 하기로 약속한 아이템들을 완료하는 데 집중한다. 이터레이션 동안에 해야 할 일은 변경되지 않는다.
- 이터레이션 끝: 팀은 관련된 이해관계자들에게 작동하는 코드를 시연하는데, 이상적으로 이 코드는 잠재적으로 출시가 가능해야만 한다(즉, 테스트와 모든 준비 완료). 그리고 나서 팀은 자신들의 프로세스를 토론하며 개선하기 위한 회고를 실시한다.

따라서 스크럼 이터레이션은 시간이 고정된 하나의 리듬으로, 계획하기, 프로세스 개선, (이상적으로) 릴리스의 세 가지 다른 활동으로 구성된다.

칸반에서는 시간이 고정된 이터레이션을 언급하지 않는다. 언제 계획할지, 프로세스를 개선할지, 릴리스할지 선택할 수 있다. 이러한 활동들을 정기적으로('매주 월요일에 릴리스하기') 하기로 하거나 시시때때로('출시할 만한 유용한 것이 있을 때마다 출시하기') 하기로 정할 수 있다.

팀 #1 (단일 리듬)

"우리는 스크럼 이터레이션을 사용해요."

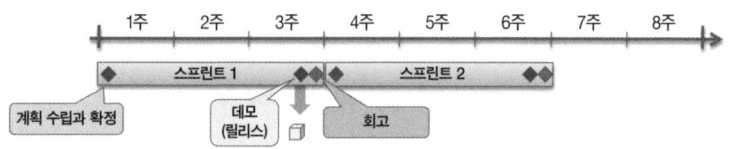

팀 #2 (세 개의 리듬)

"우리는 서로 다른 세 개의 리듬을 갖고 있습니다. 매주 릴리스할 준비가 된 것들을 릴리스하고 있어요. 2주마다 계획 수립 회의를 하고 우선순위와 릴리스 계획들을 갱신합니다. 4주마다 우리의 프로세스를 수정하고 개선하기 위해 회고를 실시합니다."

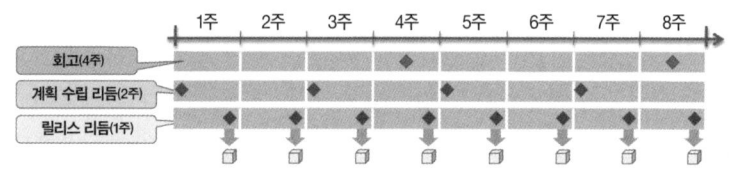

팀 #3 (주로 이벤트 기반)

"우리는 해야 할 일이 다 떨어지기 시작할 때마다 계획 수립 회의를 실시합니다. 릴리스할 준비가 된 MMF(minimum marketable feature set: 판매 가능한 최소 기능 집합)들이 있을 때마다 릴리스하고요. 같은 문제를 두 번 겪을 때마다 자발적인 품질 사이클을 작동합니다. 또한 4주마다 심도 있는 회고를 실시하지요."

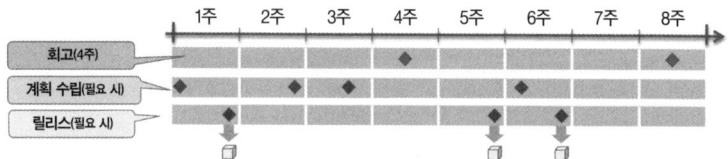

칸반은 워크플로 상태별로, 스크럼은 이터레이션별로 WIP을 제한한다

5

스크럼에서, 스프린트 백로그는 현재 이터레이션(스크럼 용어로 '스프린트') 동안 어떤 작업들이 수행되어야 하는지 보여준다. 통상 벽에 카드를 붙이는 식으로 표현하는데, 스크럼 보드 또는 작업 보드라고 부른다.

그렇다면 스크럼 보드와 칸반 보드는 서로 어떤 차이가 있을까? 아주 간단한 프로젝트를 가지고 두 보드를 비교해 보자.

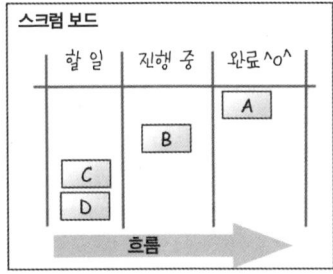 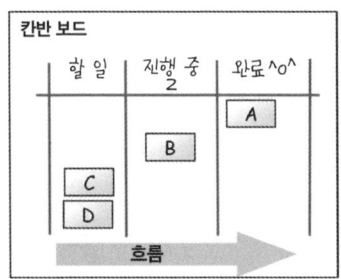

양쪽 모두 아이템들을 추적하여 워크플로 상에서의 진행 상황을 파악한다. 우리는 할 일, 진행 중인 일, 완료한 일의 세 가지 상태로 나누었는데 원하면 어떤 상태든 추가할 수 있다. 일부 팀들은 통합, 테스트, 출시 등과 같은 상태를 추가한다. 어쨌든 간결할수록 좋다는 원칙을 잊지 말라.

그렇다면 예로 든 이 보드 두 개는 무엇이 다른가? 그렇다. 칸반 보드 가운데 열에 있는 작은 숫자 2다. 그게 전부다. 저 2는 '어느 때든 이 열에는 최대 2개 아이템만 존재할 수 있다'는 것을 의미한다.

스크럼에서는 팀이 '진행 중인 일' 열에 한 번에 모든 아이템을 올려놓지 못하게 막을 수 있는 규칙이 없다! 하지만 이터레이션 자체에 업무 범위가 한정돼 있다는 암묵적인 제한은 있다. 앞의 예에서 전체 보드에 아이템 4개만 있기 때문에 한 열당 최대 아이템 수에 대한 암묵적인 제한은 4다. 따라서 칸반이 WIP을 직접 제한하는 데 반해 스크럼은 간접적으로 WIP을 제한한다.

스크럼 팀은 대부분 진행 중인 아이템이 너무 많아지면 나쁘다는 것을 점차 학습하게 되어, 새로운 아이템을 시작하기에 앞서 현재 아이템을 끝마치려고 노력하는 문화로 성숙한다. 일부는 심지어 '진행 중인 일' 열에 허용하는 아이템 개수를 명시적으로 제한하기로 결정한다. 짜잔~ 스크럼 보드가 칸반 보드로 바뀌었다!

따라서 스크럼과 칸반 모두 방법만 다를 뿐 WIP을 제한한다. 스크럼 팀은 대개 '속도(velocity)'라는 지표를 측정한다. 속도는 이터레이션당 완료된 아이템 또는 이에 상응하는 '스토리 포인트' 같은 단위이 얼마나 많은지 나타낸다. 팀이 자신들의 속도를 안다면 그것은 WIP 리밋 또는 최소한의 가이드라인이 된다. 평균 속도가 10인 팀은 대개 스프린트에 10개 이상의 아이템 또는 스토리 포인트를 가져오지 않는다.

그러므로 스크럼에서 WIP은 단위 시간별로 제한을 두고, 칸반에서 WIP은 워크플로 상태별로 제한을 둔다.

앞의 칸반 예제에서 '진행 중'이라는 워크플로 상태에는 어느 때든 최대 2개의 아이템만 존재할 수 있다. 어떤 워크플로 상태에 얼마나 제한을 둘지 결정해야 한다. 하지만 모든 워크플로 상태에 WIP 리밋을 두는 것이 일반적이다. 즉 앞의 예에서 '할 일' 상태(또는 입력 대기열이라고 부를 수도 있겠다)에도 WIP 리밋을 둘 수 있다. WIP 리밋을 두게 되면 리드 타임, 즉 아이템 하나가 보드를 가로지르는 평균 시간을 측정하고 예측할 수 있게 된다. 예측 가능한 리드 타임을 얻게 되면 SLA(service-level agreement: 서비스 수준 동의)를 약속할 수 있고 현실적인 출시 계획을 수립할 수 있게 된다.

아이템 크기가 천차만별이라면 스토리 포인트든, 여러분이 사용하는 아무 단위로든 WIP 리밋을 설정할 수 있다. 일부 팀은 이러한 유형의 고민을 회피하고, 예측하는 데 들어가는 시간 소모를 줄이려고 아이템들을 얼추 같은 크기로 쪼개는 데 노력을 기울인다. 아이템들이 거의 동일한 크기라면 부드럽게 흘러가는 시스템을 만들기 쉽다.

6
둘 다 경험적이다

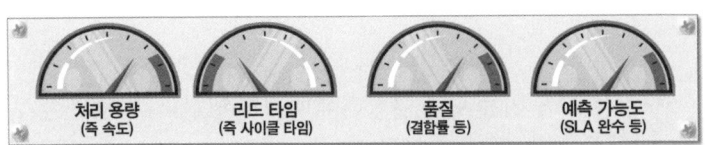

간단히 손잡이를 돌려서 프로세스 설정을 바꿀 수 있는, 손잡이 달린 미터기들이 있다고 상상해보자. "나는 높은 처리 용량에 낮은 리드 타임, 고품질에 높은 예측도를 원해. 그러니까 손잡이를 각각 10, 1, 10, 10에 놓겠어."

멋질 것 같지 않은가? 안타깝게도 그렇게 직접 제어할 수는 없다. 지금까지 내가 아는 바로는 그렇다. 그런 것을 찾으면 내게도 알려주기 바란다.

대신에 우리가 가지고 있는 것은 간접 제어기들이다.

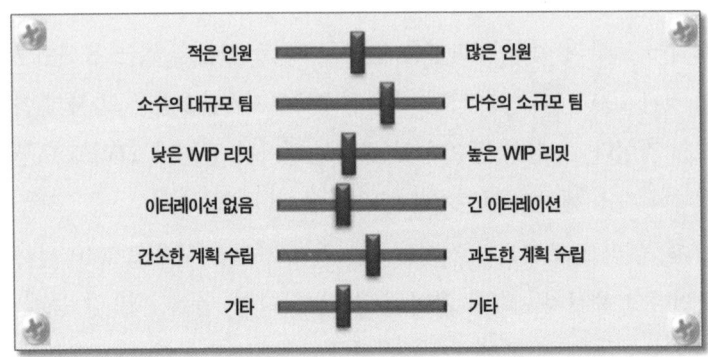

스크럼과 칸반은 둘 다 경험적인데, 이는 프로세스를 실험해 보고 환경에 맞게 프로세스를 수정하기를 기대하기 때문이다. 사실 반드시 실험을 해봐야 한다. 스크럼과 칸반 둘 다 모든 답을 제공하지 않는다. 단지 여러분 고유의 프로세스를 개선할 수 있도록 기본적인 제약 사항들을 제공할 뿐이다.

- 스크럼은 교차 기능 팀을 운영해야 한다고 말한다. 그렇다면 누구를 어떤 팀에 배치해야 하는가? 알 수 없다. 실험해 봐야 안다.
- 스크럼은 한 스프린트에서 해야 할 일의 양을 팀이 선택한다고 말한다. 그렇다면 얼마나 가져가야 할까? 알 수 없다. 실험해 봐야 안다.
- 칸반은 WIP을 제한해야 한다고 말한다. 그렇다면 얼마로 제한해야 할까? 알 수 없다. 실험해 봐야 안다.

앞서 언급한 바와 같이 칸반은 스크럼에 비해 제약 사항이 적다. 이는 고려해야 할 것이 더 많고, 돌려야 할 손잡이가 더 많음을 의미한다. 그것은 상황에 따라 장점이 될 수도 있고 단점이 될 수도 있다. 소프트웨어 도구의 설정 대화창을 열었을 때 조절할 수 있는 옵션이 3개인 것과 100개인 것 중 어떤 것을 선호하는가? 십중팔구 그 사이 어딘가일 것이다. 조절할 필요가 있는 것이 얼마나 있는지, 그리고 도구를 얼마나 잘 이해하고 있는지에 따라 다를 것이다.

자, 우리 프로세스가 개선될 것이라는 가설을 세우고 WIP 리밋을 줄인다고 해보자. 그 후 처리 용량, 리드 타임, 품질, 예측 가능성 같은 것들이 어떻게 바뀌는지 관찰한다. 그 결과를 바탕으로 결론을 도출하고 다른 것들을 변경해보며 지속적으로 프로세스를 개선한다.

이를 일컫는 여러 이름이 있다. 카이젠(Kaizen: 改善, 린 진영의 지속적인 개선), 관찰과 적응(스크럼 진영), 경험주의적 공정 제어, 또는 과학적인 방법들이 그것이다.

여기서 가장 핵심 요소는 '피드백 루프'다. 무엇인가 변경한다 → 어떻게 되는지 관찰한다 → 학습한다 → 다시 변경한다. 일반적으로 피드백 루프가 짧을수록 프로세스를 빨리 적응시킬 수 있다고 말한다.

스크럼에서는 스프린트가 기본 피드백 루프다. 하지만 XP를 결합한다면 피드백 루프가 여러 개 존재한다.

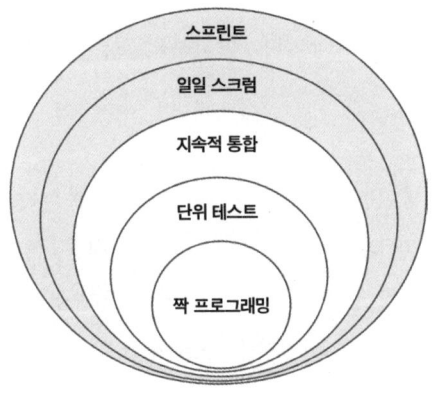

제대로 수행한다면 스크럼 + XP가 엄청나게 가치 있는 피드백 루프를 여러 개 제공한다.

내부 피드백 루프인 짝 프로그래밍의 피드백 루프는 수 초 단위다. 결함은 발생하자마자 몇 초 만에 발견되고 수정된다("이봐, 저 변수는 3이 돼야 하는 거 아냐?"). 이것은 "**제대로** 만들고 있는가?"에 대한 피드백 사이클이다.

외부 피드백 루프인 스프린트의 피드백 사이클은 수 주 단위다.

이것은 "**올바른 것**을 만들고 있는가?"에 대한 피드백 사이클이다.

그렇다면 칸반에는 무엇이 있을까? 칸반을 사용하든 하지 않든, 여러분의 프로세스에 앞서 언급된 모든 피드백 루프를 넣어볼 수도 (또는 넣어야만 할 수도) 있다. 칸반은 매우 유용한 몇 가지 실시간 지표를 제공한다.

- 평균 리드 타임: 아이템이 '완료'(아니면 어떻게 부르든 맨 오른쪽 칼럼)에 도달할 때마다 갱신한다.
- 병목 지점: X+1 칼럼이 비어 있는데도 칼럼 X에 아이템이 잔뜩 들어 있는 전형적인 증상이다. 여러분의 보드에서 '공기 방울'*을 찾아보라.

실시간 지표의 좋은 점은 얼마나 자주 지표를 분석하고 변화를 주려고 하는지에 따라 피드백 루프의 길이를 선택할 수 있다는 점이다. 피드백 루프가 너무 길면 프로세스 개선 속도가 늦어지고, 피드백 루프가 너무 짧으면 각 변화에 따른 프로세스 안정화 기간이 부족하여 프로세스가 망가질 수도 있다.

사실 피드백 루프의 길이 자체는 여러분의 실험 결과에 의해 결정된다. 일종의 메타 피드백 루프와 마찬가지다.

골치 아픈가? 알았다. 그만하도록 하자.

- 공기 방울(air bubble): 물속의 공기 방울처럼 보드의 (완전히 또는 거의) 비어 있는 칼럼을 뜻한다. 보드의 공기 방울은 다음과 같은 때 발생한다. 예를 들어 테스팅이 병목 지점인 경우 테스트를 기다리느라 모든 카드가 '테스트' 칼럼에 붙어 있고, 그 다음 단계인 '릴리스' 칼럼에는 카드가 없어서 할 일이 없다. 이때 '릴리스' 칼럼이 공기 방울이 되고 병목 지점은 '테스트' 단계다.

예: 칸반에 WIP 리밋 실험하기

칸반의 전형적인 '조절 항목' 중 하나는 WIP 리밋이다. 그렇다면 우리가 제대로 설정했다는 것을 어떻게 알 수 있을까?

4명으로 구성된 팀이 있다고 치고, WIP 리밋을 1로 설정하여 시작하기로 하였다.

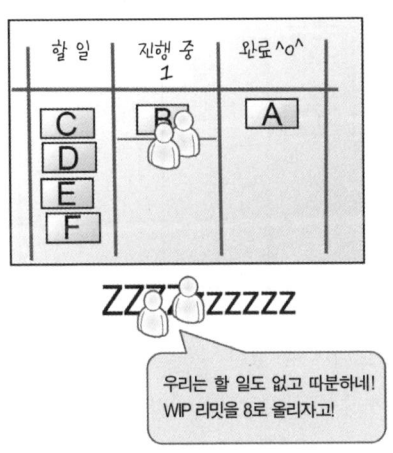

한 아이템을 진행하기 시작할 때마다, 첫 번째 아이템이 완료되기 전까지는 어떤 신규 아이템도 시작할 수 없다. 따라서 정말 빨리 완료될 것이다.

아주 좋다! 하지만 이 샘플 상황에서는 대개 한 아이템을 4명 모두가 함께 작업하기에 적절하지 않아 일 없이 쉬는 사람들이 생겼다. 이런 일이 가끔 생긴다면 문제가 되지 않지만 정기적으로 일어난다면 결과적으로 평균 리드 타임이 증가하게 될 것이다. 기본적으로 WIP 1은 아이템이 들어오면 아주 신속하게 '진행 중' 칼럼을 통과한다는 것을 의미하지만 필요 이상으로 '할 일' 칼럼의 정체를 초래할 것이고, 결국 전체 워크플로 상의 총 리드 타임은 불필요하게 높아질 것이다.

WIP 1이 너무 낮다면 8로 증가시켜 보면 어떻게 될까?

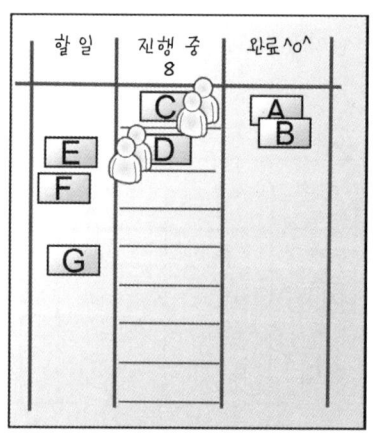

잠시 동안은 이전보다 나아졌다. 관찰 결과 평균적으로 짝을 이뤄 작업하면 일을 더 빨리 마친다는 것을 발견하였다. 따라서 4명으로 구성된 팀에서는 어느 시점이든 진행 중인 아이템이 통상 2개 존재하게 된다. WIP 8은 단지 상한선에 불과하므로 진행 중인 아이템이 그보다 적은 것은 괜찮다!

그러나 이제 통합 서버에 문제가 발생하여 어떤 아이템도 완벽히 완료할 수 없게 됐다고 상상해보자. 우리의 완료 정의에는 통합이 포함되어 있다. 그런 종류의 문제는 가끔씩 벌어지지 않나?

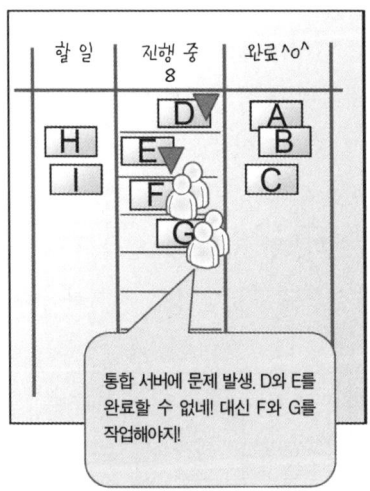

D나 E 아이템을 완료할 수 없어서 우리는 F 아이템을 가지고 작업하기 시작했다. F 역시 통합할 수 없기 때문에 새로운 아이템 G를 당겨왔다. 잠시 후 우리는 '진행 중' 칼럼에 최대 8개 아이템이라는 칸반 리밋에 도달했다.

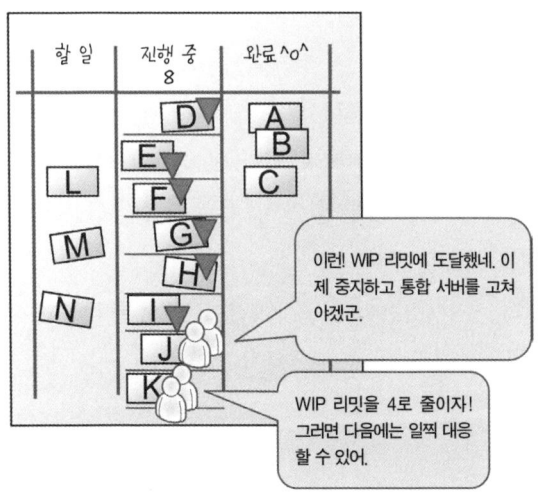

그 시점에 우리는 어떤 아이템도 더는 당겨올 수 없다. 이봐, 망할 통합 서버를 고치는 것이 좋겠어! WIP 리밋은 종료되지 않은 일을 수북이 쌓아 놓는 대신에 병목 지점을 대응하고 해결하도록 유도한다.

좋다. 하지만 WIP 리밋이 4였다면 훨씬 일찍 대응할 수 있었을 것이고 그렇게 함으로써 평균 리드 타임을 단축할 수 있을 것이다. 마침내 균형을 이루었다. 평균 리드 타임을 측정하면서 리드 타임 최적화를 위하여 지속적으로 WIP 리밋을 최적화한다.

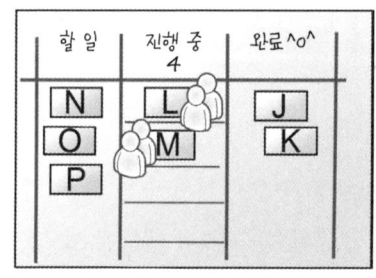

얼마 뒤 '할 일' 칼럼에 아이템이 쌓이는 것을 발견하게 될지도 모른다. WIP 리밋을 늘려야 할 때가 온 것일 수도 있다.

그런데 '할 일' 칼럼은 왜 필요할까? 글쎄, 팀이 물어볼 때마다 다음에 할 일이 무엇인지 고객이 항상 이야기해줄 수 있다면 '할 일' 칼럼은 필요하지 않을 것이다. 하지만 이 경우에는 고객이 이야기해줄 수 없을 때가 있기 때문에 '할 일' 칼럼은 그동안 일을 당겨올 수 있는 작은 버퍼를 제공한다.

실험하라! 또는 스크럼 연구자가 말하듯이, 관찰하고 적응하라!

7

스크럼은 이터레이션 내에 변경을 허용하지 않는다

스크럼 보드는 다음과 같이 생겼다.

할 일	진행 중	완료 ^o^
C D	A B	

만약 누군가 나타나서 보드에 E를 추가하려고 하면 어떻게 될까?

스크럼 팀은 전형적으로 다음과 같이 말할 것이다. "죄송하지만 안 됩니다. 우리는 이번 스프린트에 A+B+C+D를 하기로 승인받았습니다. 하지만 제품 백로그에 E를 넣는 것은 괜찮습니다. 제품 책임자가 E에 높은 우선순위를 둔다면 다음 스프린트에서 우리가 가져와서 작업할 수 있습니다." 적절한 길이의 스프린트는 뭔가를 완료할 수 있도록 집중할 수 있는 충분한 시간을 팀에 제공하며, 동시에 제품 책임자에게는 여전히 정기적으로 우선순위를 갱신하고 관리할 수 있게 한다.

그렇다면 칸반 팀은 어떻게 대답할까?

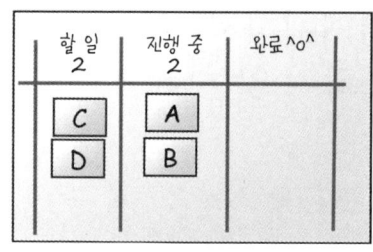

칸반 팀은 "'할 일' 칼럼에 E를 자유롭게 추가하세요. 하지만 그 칼럼의 리밋이 2이므로 그 경우에 C나 D를 제거해야만 합니다. 우리는 지금 A와 B를 작업하고 있지만 여력이 생기는 대로 '할 일' 칼럼의 우선순위가 가장 높은 아이템을 당겨올 겁니다"라고 말할 것이다.

따라서 칸반 팀의 응답 시간(우선순위 변경에 반응하는 데 걸리는 시간)은 여력이 생기는 데 걸리는 시간으로, '한 아이템 빠져나감 = 한 아이템 들어옴'이라는 일반적인 원칙(WIP 리밋에 의거하여)을 따른다.

스크럼에서의 응답 시간은 평균적으로 스프린트 길이의 절반이다.

스크럼에서는 제품 책임자가 스크럼 보드를 건드릴 수 없는데, 이는 해당 이터레이션 내에 특정 아이템 집합을 진행하기로 팀에 약속했기 때문이다. 칸반에서는 누가 보드의 내용을 변경하도록 할 것인지 고유한 기본 규칙을 설정해야 한다. 전형적으로 제품 책임자는 '할 일' 또는 '준비', '백로그', '제안' 같은 맨 왼쪽 칼럼을 할당받는데, 이 칼럼은 원할 때마다 변경할 수 있는 곳이다.

이 두 가지 접근은 상호 배타적이지 않다. 스크럼 팀이 일반적으로는 예외로 간주될 수밖에 없지만 제품 책임자가 스프린트 중간에 스프린트 백로그의 우선순위를 변경할 수 있게 한다거나, 칸반 팀이 언제 우선순위를 변경할 수 있는지와 같은 제약 사항을 추가할 수도 있다. 심지어 칸반 팀이 스크럼처럼 시간이 고정된 이터레이션과 이터레이션 내에 할 일을 확정하는 방식을 따를 수도 있다.

8
스크럼 보드는 이터레이션마다 초기화된다

스크럼 보드는 전형적으로 스프린트 단계별로 다음과 같은 모습을 하고 있다.

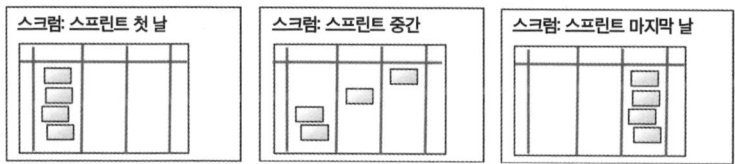

스프린트가 끝나면 보드를 정리한다(모든 아이템을 제거한다). 새로운 스프린트를 시작하고 스프린트 계획 회의를 마치고 나면, 맨 왼쪽 열에 새로운 아이템들이 있는 새로운 스크럼 보드가 생긴다. 기술적으로 이러한 작업을 하는 것은 낭비지만, 팀이 스크럼 경험을 많이 해봤다면 이 작업을 하는 데 그리 오래 걸리지 않는다. 그리고 보드를 초기화하는 과정을 통해 뭔가를 이루고 마무리 지었다는 좋은 기분이 든다. 마치 저녁 식사 후 설거지를 하는 것과 같다. 즉, 고생스럽긴 하지만 하고 나면 개운한 느낌이 든다.

    칸반에서 보드는 일반적으로 변함이 없다. 즉 초기화하고 다시 시작할 필요가 없다.

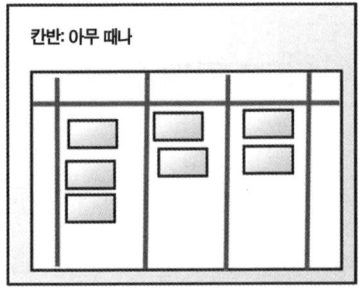

9

스크럼은
교차 기능 팀을 규정한다

스크럼 보드는 정확히 특정 스크럼 팀에 속한다. 스크럼 팀은 교차 기능 팀으로 이터레이션 내에 모든 아이템을 완료하는 데 필요한 기술을 전부 보유하고 있다. 스크럼 보드는 통상 관심 있는 사람이라면 누구든지 볼 수 있지만, 보드 소유권을 갖는 스크럼 팀만 수정할 수 있다. 스크럼 보드는 팀이 이터레이션 동안 하기로 약속한 일을 관리하는 도구다.

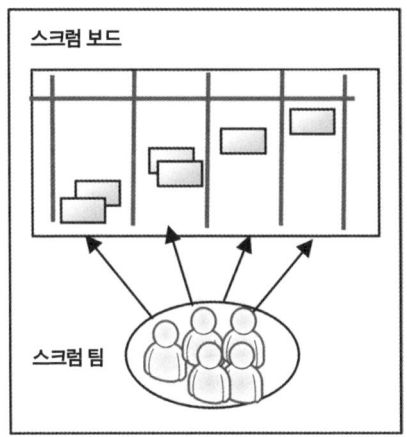

칸반에서는 교차 기능 팀이 선택 사항이며 보드를 특정 팀만 소유할 필요도 없다. 보드는 특정 워크플로와 연관된 것이지, 특정 팀에 속한 것이 아니다.

여기 두 가지 예가 있다.

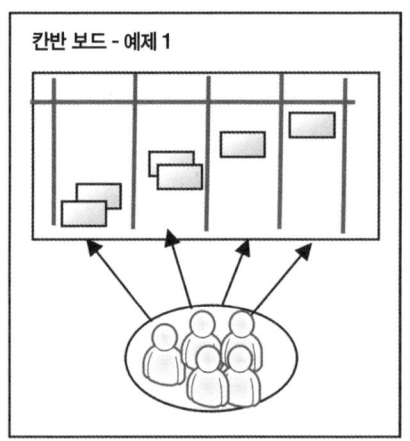

예제 1: 전체 보드는 한 교차 기능 팀이 사용한다. 마치 스크럼과 같다.

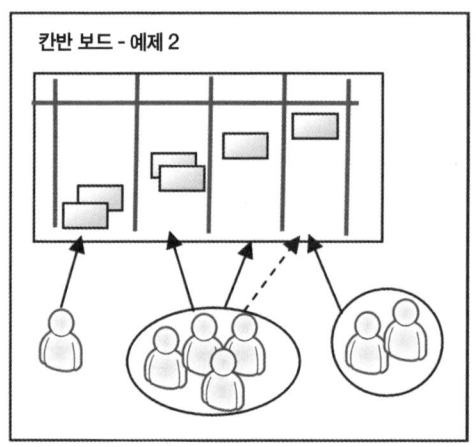

예제 2: 제품 책임자는 첫 번째 열에서 우선순위를 지정한다. 교차 기능 개발 팀은 개발(두 번째 열)과 테스트(세 번째 열)를 수행한다. 릴리스(네 번째 열)는 특화된 팀이 마무리한다. 역량이 약간 겹치므로, 릴리스 팀

이 병목 지점이 되면 개발자 중 한 사람이 릴리스 팀을 도울 것이다.
 따라서 칸반에서는 누가 어떻게 보드를 사용할 것인지에 대한 몇 가지 기본 규칙을 설정하고 그 규칙이 흐름을 최적화하는지 실험할 필요가 있다.

스크럼 백로그 아이템들은 한 스프린트에 맞아야 한다 10

스크럼과 칸반 모두 작업을 작은 조각으로 쪼개어 개발하는 점진적 개발에 기반을 둔다.

스크럼 팀은 한 이터레이션 내에 완료 기준에 의거하여 완료할 수 있다고 생각하는 아이템들만 하기로 약속하게 될 것이다. 아이템이 너무 커서 한 스프린트에 맞지 않는다면, 팀과 제품 책임자는 스프린트에 맞출 수 있게 아이템을 작은 조각으로 나누는 방법을 찾으려 할 것이다. 아이템들이 커질 수밖에 없다면 이터레이션 길이가 길어져야 한다. 하지만 통상 4주를 넘지 않도록 한다.

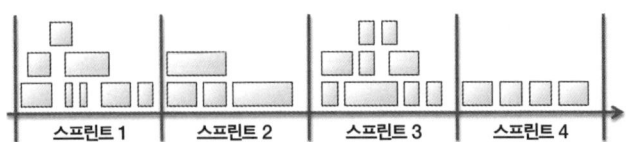

칸반 팀은 리드 타임을 최소화하고 흐름을 유지하려고 하는데, 이는 간접적으로 아이템들을 상대적으로 작은 조각으로 쪼개도록 유도한다. 하지만 칸반에서는 특정 기간에 맞도록 아이템이 충분히 작아야 한다는 명시적인 규칙이 없다. 같은 보드에서 한 아이템은 완료하는 데 한 달이 걸리고 다른 아이템은 하루가 소요될 수도 있다.

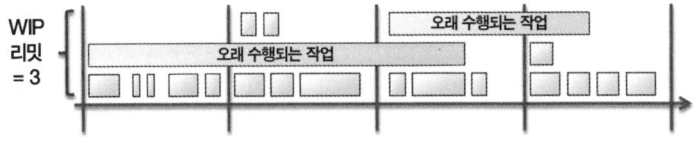

스크럼은 추정과 속도를 규정한다 11

스크럼에서 팀은 하기로 한 각 아이템을 상대적인 크기(=일의 양)로 추정한다. 매 스프린트의 종료 시점에 완료된 아이템 각각의 크기를 합산한 것이 속도다. 속도는 역량에 관한 지표인데 스프린트당 일을 얼마나 많이 할 수 있는지 나타낸다. 여기 평균 속도가 8인 팀의 예가 있다.

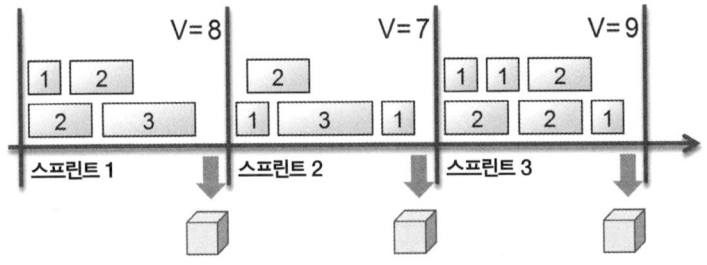

평균 속도가 8임을 알면 좋다. 그러면 다음 스프린트에서 우리가 완료할 수 있는 아이템들에 대한 현실적인 예측을 할 수 있고, 결국 현실적인 출시 계획을 수립할 수 있기 때문이다.

칸반에서는 추정을 규정하고 있지 않다. 따라서 약속(commitment)을 하기 원한다면 어떻게 예측성을 제공할 것인지 결정해야 한다.

어떤 팀들은 스크럼처럼 추정을 하고 속도를 측정한다. 또 다른 팀들은 추정은 생략하지만 단위 시간당 얼마나 많은 아이템을 완료하는지(예를 들면 주당 기능의 개수) 속도를 간단히 측정하기 위하여, 각 아이템을 거의 같은 크기의 조각으로 쪼갠다. 어떤 팀은 아이템들을 최소 판매 가능 기능으로 그루핑하고 MMF당 평균 리드 타임을 측정한 다음, 예를 들면 "MMF 하나를 만들기로 약속하면 항상 보름 이내에 출하할 수 있다" 같은 서비스 수준 계약(SLA)을 체결하는 데 사용한다.

 이것이 칸반 스타일의 출시 계획하기와 약속 관리하기에 관련된 기법 전부다. 하지만 구체적인 기법이 명시되어 있지 않으니 구글로 검색하고 자신의 상황에 적합한 것을 찾을 때까지 다른 기법들을 시도해보라. 시간이 지나 몇 가지 '최고의 실무 사례'들을 발견하게 될 것이다.

12 둘 다 여러 제품의 동시 개발을 허용한다

스크럼에서 '제품 백로그'는 다소 적합하지 않은 이름인데 모든 아이템이 제품 하나에 대한 것이어야만 한다는 의미이기 때문이다. 다음은 녹색과 노랑 두 가지 제품이 있고, 각 제품별로 백로그와 팀이 따로 존재하는 상황을 나타낸다.

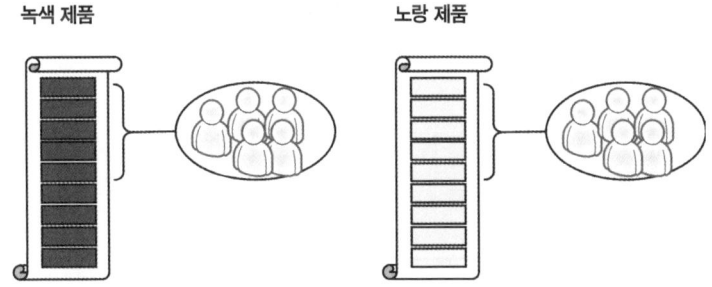

한 팀밖에 없다면 어떻게 될까? 글쎄, 제품 백로그를 팀 백로그에 더 가깝게 생각해보자. 팀 백로그에는 특정 팀이(또는 팀들이) 다음 이터레이션에 해야 할 일들을 우선순위에 따라 나열한다. 따라서 그 팀이 여러 제품을 담당해야 한다면 두 제품을 한 목록에 합친다. 이렇게 하면 제품 간에 우선순위를 부여하게 되는데 이 방법은 일부 상황에서 유용하다.

실제로 이렇게 하는 데에는 여러 가지 방법이 있다. 한 가지 전략으로 팀이 스프린트당 한 제품에 집중하는 것이다.

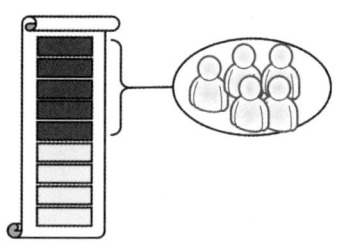

또 다른 전략으로는 팀이 스프린트에 두 제품의 기능을 개발하는 것이다.

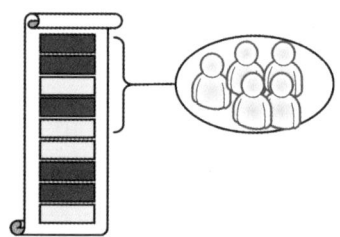

이것은 칸반에서도 똑같다. 한 보드에 여러 제품을 흘려 보낼 수 있는데, 색깔이 다른 카드를 사용하여 구분할 수도 있을 것이다.

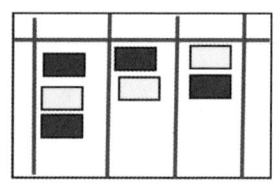

아니면 '스웜 레인'을 둘 수도 있다(즉 제품별로 구획을 나눌 수도 있다).

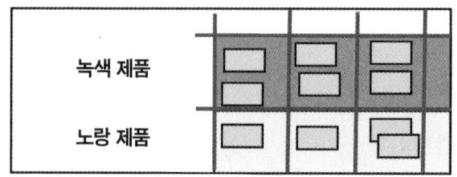

둘 다 린하고 애자일하다 13

여기서 린 사고방식과 애자일 선언문을 언급하려는 것은 아니다. 하지만 일반적으로 스크럼과 칸반은 모두 린과 애자일의 원칙과 가치에 잘 부합한다. 예를 들면 다음과 같다.

- 스크럼과 칸반은 모두 당김 스케줄링 방식이며 이는 린의 원칙인 JIT(Just In Time) 재고 관리 방식에 해당한다. 이 말은 언제, 얼마나 많은 양의 일을 할지 팀이 정한다는 뜻이며 외부로부터 일을 '넘겨 받기'보다는 팀이 준비가 되었을 때 일을 '당겨온다'는 것이다. 마치 프린터가 출력할 준비가 되었을 때 그다음 장을 당겨오는 것처럼 말이다(프린터가 당겨올 수 있는 종이 장수가 적고 제한적이지만).
- 스크럼과 칸반은 지속적이며 경험주의적 프로세스 최적화에 기반을 두고 있으며 이는 린의 원칙인 '카이젠'에 해당한다.
- 스크럼과 칸반은 계획을 따르기보다는 변화에 대응할 것을 강조한다(보통 칸반이 스크럼보다 더 빠른 대응을 허용하는 편이다). 이는 애자일 선언의 네 가지 가치 중 하나에 해당한다.

이 외에도 여러 가지가 있다.

어떤 면에서 스크럼은 기간이 고정된 이터레이션에 아이템을 배치할 것을 규정하기 때문에 그다지 린 방식처럼 보이지 않는다. 하지만 린 방식인지 아닌지는 이터레이션 길이와 무엇을 비교하려고 하는가에 달려 있다. 1년에 2~4번 정도 제품을 통합, 출시하는 좀 더 전통적인 프로세스와 비교해 보면 격주마다 출시가 가능한 수준의 코드를 만드는 스크럼 팀은 매우 린하다.

하지만 이터레이션을 지속적으로 짧게 짧게 유지해 간다면 그것은 본질적으로는 칸반 방식에 근접해가는 것이다. 이터레이션 기간을 일주일보다도 더 짧게 하자는 논의를 시작했다면 아마도 기간이 고정된 이터레이션을 완전히 버리려는 것일 게다.

전에도 말했지만 앞으로도 꾸준히 언급할 것이다. 여러분에게 맞는 것을 찾을 때까지 계속 실험해 보라. 그리고 실험을 지속하라. ^o^

사소한 차이점 14

앞서 언급했던 것들에 비해서는 관련이 좀 덜 해 보이는 몇 가지 차이점이 있다. 하지만 이러한 점들에 대해서도 알고 있는 편이 좋다.

스크럼은 우선순위가 부여된 제품 백로그를 규정한다
스크럼에서 우선순위화는 항상 제품 백로그를 정렬하는 것으로 마무리된다. 그리고 우선순위를 변경하는 것은 현재 스프린트가 아니라 다음 번 스프린트에 영향을 미친다. 칸반에서 여러분은 어떤 식으로 우선순위를 매길지 선택할 수 있고(심지어는 우선순위가 아예 없어도 된다), 변경 사항은 수용 능력(capacity)에 여유가 생기면 (정해진 때가 아니라) 곧바로 적용된다. 제품 백로그가 있을 수도 있고 없을 수도 있으며, 우선순위가 매겨져 있을 수도 있고 아닐 수도 있다.

실제로 이것이 차이를 만들어내지 못한다. 칸반 보드의 맨 왼쪽 열은 전형적으로 스크럼의 제품 백로그와 같은 용도로 사용한다. 우선순위에 따라 목록이 정렬되어 있건 아니건 간에, 팀이 어떤 아이템을 가장 먼저 당겨올지 결정하는 규칙이 필요하다. 다음은 결정 규칙의 예다.

- 항상 맨 위에 아이템을 가져간다.
- 가장 오래된 아이템을 가져간다(따라서 각 아이템에는 시간이 기록돼 있다).
- 아무 아이템이나 가져간다.

- 대략 20%는 유지 보수 항목을, 80%는 신규 기능에 사용한다.
- 팀의 역량을 제품 A와 제품 B에 거의 동등하게 분할한다.
- 항상 빨간색 아이템을 (있다면 아무거나) 먼저 가져간다.

스크럼에서 제품 백로그를 칸반과 비슷한 방식으로 사용할 수도 있다. 백로그 크기에 제한을 둘 수 있고, 우선순위를 어떻게 부여해야 할지 정하는 규칙을 만들 수 있다.

스크럼에서는 일일 미팅을 규정한다

스크럼 팀은 매일 같은 시간, 같은 장소에서 짧은 미팅(최대 15분)을 한다. 이 미팅의 목적은 일이 어떻게 진행 중인지에 대한 정보를 알리고, 오늘 할 작업에 대해 계획을 세우며 중대한 문제가 있는지 파악하는 것이다. 이 미팅을 일일 스탠드업이라고 부르기도 하는데 통상 서서 진행하기 때문이다(미팅을 짧게 마치고, 높은 에너지 수준을 유지하기 위해 서서 한다).

칸반에서는 일일 스탠드업을 규정하고 있지 않지만, 어쨌든 칸반 팀들은 대부분 실시한다. 어떤 프로세스를 사용하는지와 상관없이 일일 스탠드업은 뛰어난 기법이다.

스크럼에서 미팅은 사람 중심으로 진행된다. 즉, 모든 사람이 차례대로 한 명씩 보고한다. 많은 칸반 팀이 병목 지점과 눈에 보이는 다른 문제들에 초점을 맞추는, 좀 더 상황판에 중심을 둔 미팅 형식을 사용한다. 이 접근 방식은 더 확장할 수 있다. 네 개 팀이 동일한 보드를 공유하며 함께 일일 스탠드업을 하면서, 상황판의 병목 지점 부문에 초점을 맞춘다면 모든 사람의 말을 들어야 할 필요는 없을 것이다.

스크럼에서는 번다운 차트를 규정한다

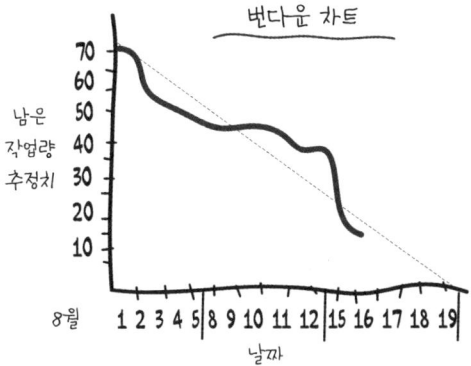

스프린트 번다운 차트는 날마다 현재 이터레이션에 얼마나 많은 일이 남아있는지 보여준다.

Y 축의 단위는 스프린트 작업에 사용되는 단위와 동일하다. 전형적으로 팀이 백로그 아이템을 작업으로 쪼갠다면 시간이나 날짜, 팀이 백로그 아이템을 쪼개지 않는다면 스토리 포인트다. 여기에는 많은 변형이 존재한다.

스크럼에서 스프린트 번다운 차트는 이터레이션 진척도를 추적하기 위한 주요 도구 중 하나로 사용된다.

일부 팀은 릴리스 번다운 차트도 사용한다. 이 차트는 동일한 포맷이지만 릴리스 수준이라는 차이가 있다. 통상 각 스프린트가 끝난 후 제품 백로그에 얼마나 많은 스토리 포인트가 남아있는지 보여준다.

번다운 차트의 주 목적은, 일정보다 지연되는지 아니면 앞서가는지를 가능한 한 빨리 쉽게 파악하여 대응할 수 있도록 하는 것이다.

칸반에서는 번다운 차트가 명시되어 있지 않다. 사실 어떤 유형의 차트도 명시되어 있지 않다. 하지만 번다운 차트를 포함하여 여러분이 원하는 어떠한 유형의 차트라도 사용할 수 있다.

다음은 누적 흐름도(Cumulative Flow Diagram)의 예다. 이러한 유형의 차트는 작업 흐름이 얼마나 부드럽게 흐르는지, WIP이 리드 타임에 어떻게 영향을 미치는지를 멋지게 나타내준다.

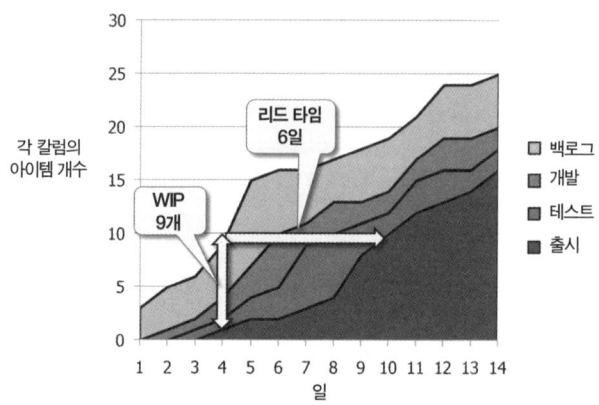

어떻게 동작하는지 살펴보자. 매일 칸반 보드의 각 열의 아이템 개수를 합산하여 Y 축에 표시한다. 따라서 4일째에는 보드에 아이템이 9개 있었다. 보드의 맨 오른쪽 열부터 시작하여, 출시 단계에 1개, 테스트 단계에 1개, 개발 단계에 2개, 백로그에 5개 아이템이 있다. 이 점들을 매일 표시하고 점들을 연결한다면 이와 같은 멋진 다이어그램을 얻게 된다. 세로 또는 가로 방향 화살표는 WIP과 리드 타임 간의 관계를 나타낸다.

가로 화살표는 4일째 백로그에 추가된 아이템들이 출시까지 도달하는 데 평균 6일이 소요됨을 보여준다. 그 시간 중 약 절반은 테스트에 소요된다. 이 차트를 통해 백로그와 테스트 단계에 WIP 리밋을 설정한다면 전체 리드 타임을 획기적으로 단축할 수 있다는 것을 알 수 있다.

출시 단계의 영역의 기울기가 우리의 속도(하루 동안 배치된 아이템 개수)를 나타낸다. 시간이 지남에 따라 높은 속도가 리드 타임을 단축하고, 반대로 높은 WIP 리밋은 리드 타임을 증가시킨다는 것을 알 수 있다.

조직들은 대부분 빨리 마치기(=리드 타임 단축)를 원한다. 유감스럽게도 많은 조직이 이를 더 많은 사람을 투입하거나 초과 업무를 시키라는 의미로 받아들이는 함정에 빠진다. 대개 작업을 더 신속하게 끝내기 위한 가장 효과적인 방법은, 더 많은 사람을 투입하거나 일을 더 고되게 하는 것이 아니라 작업 흐름에 방해되지 않게 하고 수용 능력(capacity)에 맞게 일을 제한하는 것이다. 이런 유형의 다이어그램은 원인을 드러내어 줌으로써, 팀과 관리자가 효과적으로 협업할 수 있도록 돕는다.

대기 중 상태('테스트 기다리기' 같은)와 작업 중 상태('테스팅' 같은)를 구분한다면 더욱 명확해진다. 우리는 절대적으로 대기열에서 대기하는 아이템 수를 최소화하기를 원하는데, 누적 흐름도는 개선해야 하는 적점을 찾는 데 도움이 된다.

스크럼 보드와 칸반 보드: 간단하지만 의미 있는 예제

15

스크럼에서 스프린트 백로그는 팀이 이번 스프린트에 어떤 일을 하는지를 보여주는 그림의 한 부분에 불과하다. 그림의 나머지 부분은 제품 책임자가 향후 스프린트들에서 완료되기 원하는 일의 목록인 제품 백로그다.

제품 책임자는 스프린트 백로그를 볼 수만 있고 건드릴 수는 없다. 그는 원하면 언제든 제품 백로그를 변경할 수 있지만, 그 변경 사항은 다음 스프린트 때까지는 영향을 미치지 못한다. 즉, 진행 중인 작업을 변경할 수는 없다.

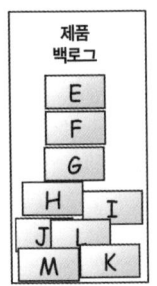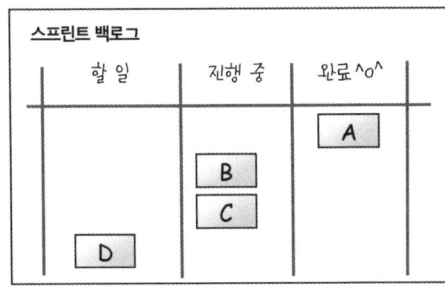

스프린트가 종료되면, 팀은 제품 책임자에게 '잠재적으로 출시 가능한 코드를 전달'해야 한다. 따라서 팀은 스프린트를 마치고, 스프린트 리뷰를 실시한 후, 자랑스럽게 기능 A, B, C, D를 제품 책임자에게 시연한다. 이제 제품 책임자는 이 기능을 제품에 탑재할 것인지 여부를 결정할 수 있다. 그 마지막 부분(제품에 실제 탑재하는 것)은 통상 스프린트에 포함되지 않기 때문에 스프린트 백로그에는 나타나지 않는다.

이 시나리오에 따라, 칸반 보드를 운영한다면 다음과 같은 모습일 것이다.

백로그	선택됨 2	개발 3		배포	서비스 중!
		진행 중	완료		
F G H I J K M	D E	B C	A		X R Q

이제 전체 워크플로가 한 보드 위에 드러나게 됐다. 이 보드에서 우리는 어떤 스크럼 팀이 어느 이터레이션에서 무슨 일을 하는지를 보고 있는 것이 아니다.

앞의 예제에서 '백로그' 열은 순서가 없는 일반적인 희망 사항 목록일 뿐이다. '선택됨' 열에는 우선순위가 높은 아이템들을 놓게 되는데 칸반 제한이 2다. 따라서 임의의 시간에 이곳에는 높은 우선순위의 아이템이 오직 2개만 존재한다. 팀이 새로운 아이템을 작업할 준비가 되면, '선택됨' 열에서 가장 우선순위가 높은 아이템을 집어 든다. 제품 책임자는 '백로그'와 '선택됨' 열을 아무 때나 변경할 수 있지만, 나머지 열은 아니다.

하위 열 두 개로 나뉜 '개발' 열은 현재 어떤 것을 개발하는 중인지 나타내며 칸반 제한이 3이다. 네트워크 용어로 비유하자면 칸반 제한은 '대역폭'에, 리드 타임은 'ping'(또는 응답 시간)이라 할 수 있다.

왜 '개발' 열이 '진행 중'과 '완료'라는 하위 열로 나뉘어 있을까? 그것은 제품 출시 팀에 어떤 아이템들을 제품에 가져올 수 있는지 알 수 있게 하기 위한 것이다.

'개발' 열의 칸반 제한 3은 하위 두 열과 공유한다. 왜일까? '완료' 열에 아이템이 2개 있다고 치자:

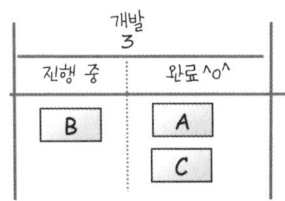

이는 '진행 중' 열에 아이템이 단 하나만 올 수 있음을 의미한다. 개발자들이 새로운 아이템을 시작하여 용량을 초과할 수도 있겠지만, 칸반 제한 때문에 이를 허용하지 않는다. 이러한 방식은 사람들이 제품에 기능을 탑재하는 데 자신들의 노력과 도움을 집중하도록 유도하여, '완료' 열을 깨끗이 비워 작업 흐름을 극대화할 수 있게 한다. 이렇게 함으로써 얻는 효과는 멋지고 점진적으로 나타나며('완료' 열에는 더 많은 일이, '진행 중' 열에는 더 적은 일이 놓이게 된다) 결국 팀이 제대로 일하는 데 집중할 수 있게 한다.

한 개씩 흘리기

한 개씩 흘리기는, 한 아이템이 보드 전체를 가로지르는 과정에서 중간에서 지체되는 일이 전혀 없는 '완벽한 흐름' 시나리오의 일종이다. 즉, 해당 아이템을 맡은 사람이 누군가는 언제나 있다는 것이다. 이러한 경우에 보드가 어떻게 생겼는지 보자.

어떤 순간에 B는 개발 진행 중이고 A는 제품에 탑재되기 직전이다. 팀이 다음 아이템을 할 준비가 되면 언제든 팀은 제품 책임자에게 가장 중요하게 처리해야 할 것이 무엇인지 묻고 이에 대해 응답을 받는다. 이러한 이상적인 시나리오가 유지된다면 우리는 '백로그'와 '선택됨'이라는 대기열이 되어 버린 열 두 개를 제거함으로써 리드 타임을 **정말** 짧게 만들 수 있다!

코리 라다스(Cory Ladas)는 이를 멋지게 표현했다. "이상적인 업무 계획 프로세스는 개발 팀이 다음에 해야 할 최선의 것을, 많지도 모자라지도 않게 언제나 마련해 두어야 한다."

WIP 리밋은 문제가 통제 불가능해지는 것을 막기 위해 존재한다. 따라서 모든 것이 순조롭게 진행된다면 WIP 리밋은 실제로 사용되지 않는다.

칸반 세상의 하루

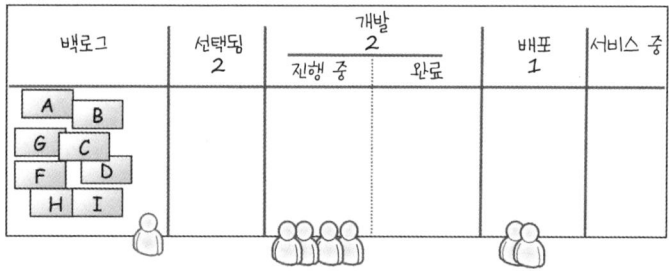

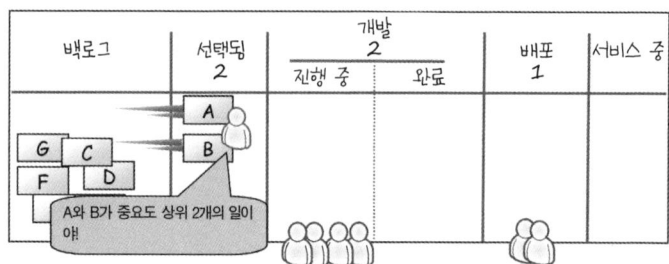

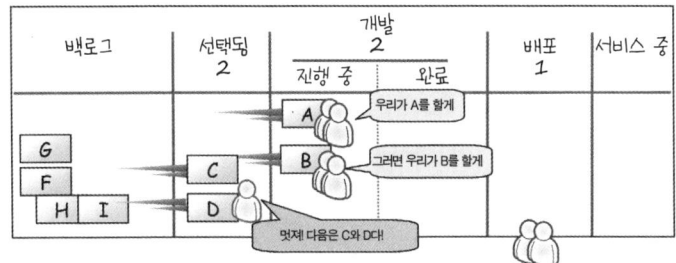
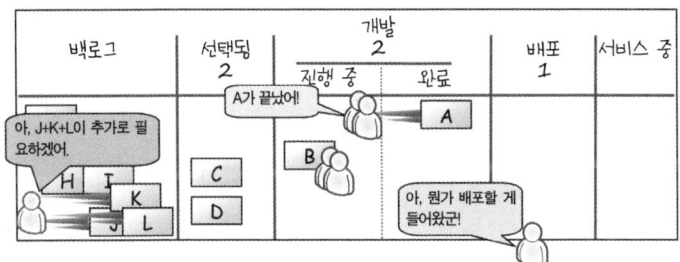
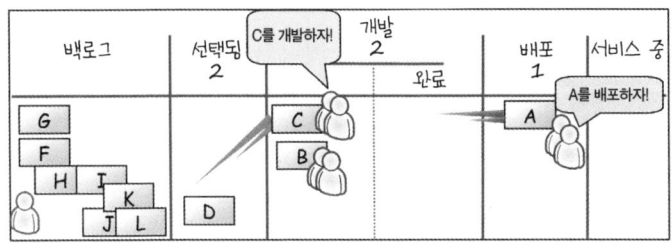
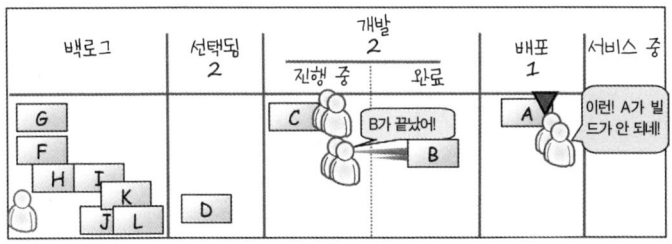

15장 스크럼 보드와 칸반 보드: 간단하지만 의미 있는 예제

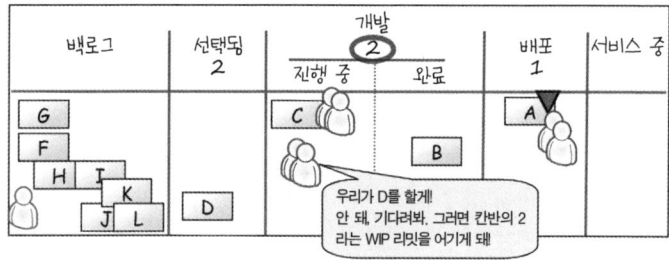
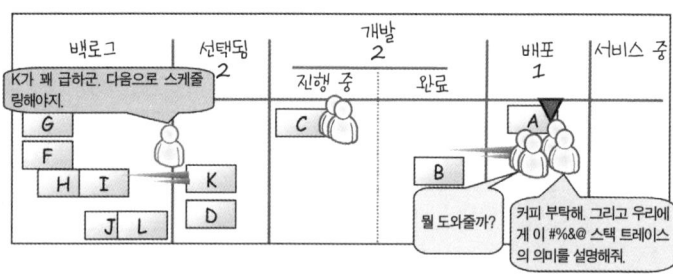
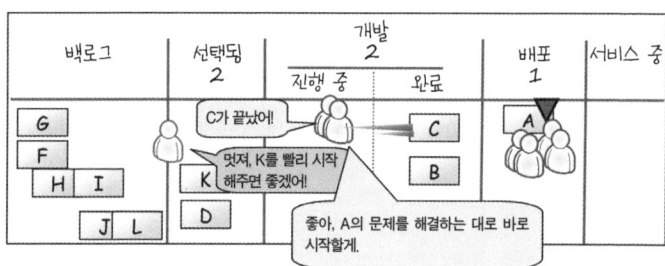
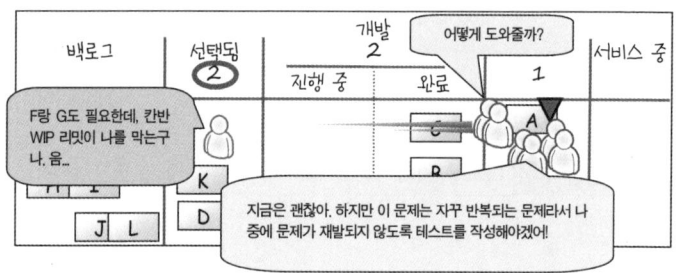

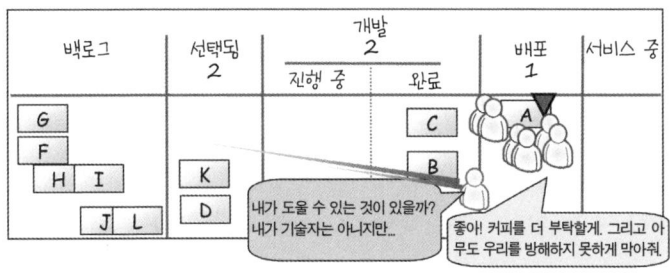

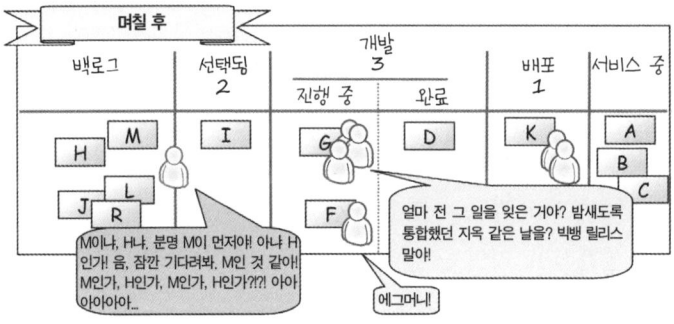

칸반 보드는 꼭 이런 식의 모습이어야 하는가?

아니다. 앞의 보드는 예시일 뿐이다!

칸반이 유일하게 규정하는 것은 작업 흐름이 눈에 보여야 한다는 점과 WIP이 제한되어야 한다는 점이다. 그 목적은 시스템의 작업 흐름을 매끄럽게 만드는 것과 리드 타임을 최소화하는 것이다. 따라서 다음과 같은 질문들을 정기적으로 할 필요가 있다.

어떤 열이 꼭 필요한가?

각 열은 각각 하나의 작업 흐름의 단계나 두 작업 흐름 단계 사이의 대기열(완충)을 의미한다. 처음에는 단순하게 시작하고 필요할 때에 열을 추가해라.

WIP 리밋은 어떻해야 하는가?

보드에서 여러분이 담당하는 열의 WIP 리밋이 꽉 찼고 할 게 없을 때, 작업 흐름 하류의 병목(즉, 보드의 오른쪽에 쌓이고 있는 아이템들)을 찾도록 하라. 그리고 해당 병목을 해결할 수 있게 도와주라. 병목이 없다면 이는 WIP 리밋이 너무 낮다는 것을 뜻한다. WIP 리밋을 두는 이유가 하류의 병목 지점에 아이템들이 계속 쌓이는 위험을 줄이기 위함이기 때문이다.

많은 아이템이 아무도 맡은 사람 없이 작업 흐름에서 오랜 시간 한 자리에 머물러 있다면, 이는 WIP 리밋이 너무 높다는 것을 뜻한다.

- 너무 낮은 WIP 리밋 → 한가한 사람들 → 낮은 생산성
- 너무 높은 WIP 리밋 → 쌓이는 일들 → 긴 리드 타임

WIP 리밋은 얼마나 엄격한가?

어떤 팀들은 WIP 리밋을 매우 엄격한 규칙으로 대한다(즉, 팀은 WIP 리밋을 넘어설 수 없다). 반면, 어떤 팀들은 가이드라인이나 토론의 계기로 대한다(즉, WIP 리밋을 깰 수 있으나 그럴 경우 확실한 이유에 따라 의도적으로 결정한다). 다시 한번 말하는데, 어떤 결정을 할지는 여러분에게 달려 있다. 내가 칸반은 그다지 규범적이지 않다고 말하지 않았던가?

16

스크럼과 칸반
비교 요약

비슷한 점

- 둘 다 린하고 애자일하다.
- 둘 다 당김 스케줄링을 사용한다.
- 둘 다 WIP 리밋을 둔다.
- 둘 다 투명하게 공정 개선을 이끌어낸다.
- 둘 다 출시 가능한 소프트웨어를 자주, 일찍 출하하는 데 집중한다.
- 둘 다 자기 조직화된 팀을 기반으로 한다.
- 둘 다 일을 작은 단위로 쪼갤 필요가 있다.
- 둘 다 출시 계획은 경험적인 자료(속도, 리드 타임)에 기반을 두고 지속적으로 최적화한다.

다른 점

스크럼	칸반
기간이 고정된 이터레이션을 규정한다.	기간이 고정된 이터레이션은 선택 사항이다. 계획하기와 출시, 공정 개선을 위한 리듬(주기)을 개별적으로 가질 수 있다.* 고정된 기간이 아닌 이벤트 중심으로 운영할 수 있다.
팀이 이번 이터레이션에서 할 일의 양을 결정, 약속(commitment)한다.	약속은 선택 사항이다.
계획하기와 공정 개선에 속도를 기본 지표로 사용한다.	계획하기와 공정 개선에 리드 타임을 기본 지표로 사용한다.
교차 기능 팀을 규정한다.	교차 기능 팀은 선택 사항이다. 전문가 팀도 허용한다.
아이템들을 한 스프린트 안에 완료될 수 있을 정도의 크기로 잘게 쪼개야만 한다.	아이템 크기를 특별히 규정하지 않는다.
번다운 차트를 규정한다.	특별히 차트 사용을 규정하지 않는다.
WIP 리밋을 간접적으로 한다(스프린트마다).	WIP 리밋을 직접적으로 한다(작업 흐름 단계마다).
추정을 하도록 규정한다.	추정은 선택 사항이다.
이터레이션이 진행 중일 때는 아이템을 추가할 수 없다.	수용 능력이 허용한다면 새로운 아이템을 추가할 수 있다.
스프린트 백로그는 특정 팀이 소유한다.	칸반 보드는 다수의 팀이나 개인들 간에 공유하기도 한다.
세 가지 역할을 규정한다(제품 책임자, 스크럼 마스터, 팀).	어떠한 역할도 규정하지 않는다.
이터레이션마다 스크럼 보드를 초기화한다.	칸반 보드는 계속 유지한다.
제품 백로그에 우선순위를 매길 것을 규정한다.	우선순위 매기기는 선택 사항이다.

이게 다다. 이제 다른 점을 배웠다.

하지만 아직 끝나지 않았다. 이제 최고의 부분을 할 차례다. 신발을 신고 마티아스와 함께 전장으로 뛰어들어 실전에서는 어떤지 살펴보자!

- 스크럼에서는 계획하기, 출시, 개선 주기와 이터레이션 주기가 똑같다.

2부
사례 연구

현실에서의 칸반

2부는 우리가 칸반을 사용해 개선하는 과정을 어떻게 배웠는지에 대한 이야기다. 우리가 시작했을 때는 칸반에 대한 정보가 별로 많지 않았고 구글에서 검색해도 별로 건질 게 없었다. 이제 칸반은 성공적으로 발전하고 있으며 갈수록 지식의 양이 늘고 있다. 이제 처음으로 그리고 마지막으로 당부한다(약속한다!). 어떤 솔루션을 이용하든 간에 그 솔루션이 여러분 고유의 문제를 해결해주는지 확인하라. 새로울 건 없다. 어떤 건지 알아보자. 이제 우리 이야기다.

— 마티아스 스카린

기술 운영 업무의 본질 17

일주일 내내 24시간 항상 회사로부터 전화를 받아본 적이 있다면, 제품 운영 환경을 관리하는 것에 상당한 책임감을 느낄 것이다. 그 문제의 원인을 제공했든 아니든 상관없이 한밤중에 상황을 해결해야 할 처지다. 그런 걸 모르기 때문에 그들이 전화를 거는 것이다. 여러분은 하드웨어, 디바이스 드라이버, 운영 체제, 맞춤 소프트웨어를 만든 사람이 아니라서 그 문제를 해결하는 것은 엄청난 도전이다. 선택할 수 있는 것은 대개 다음과 같은 정도다. 문제를 좁혀나가기, 문제로 인한 충격을 최소화하기, 문제를 재현하는 데 필요한 증거를 확보하기, 재현되는 문제를 만든 데 책임이 있는 사람을 기다리기, 그리고 직접 문제를 해결하기다.

기술 운영 업무에 있어서는, 요청에 응대하는 것과 문제를 해결하는 것, 두 가지 모두 속도와 정확성이 핵심이다.

도대체 변화는 왜 있을까?

18

2008년에 우리 고객 중 하나인, 스칸디나비아의 게임 개발 업체는 모든 일련의 프로세스 개선 작업을 거쳤다. 그중에는 스크럼을 개발 조직에 확대 적용하는 것과 개발 팀이 소프트웨어를 출시하는 데 방해가 되어 왔던 것들을 점진적으로 제거하는 작업이 포함되어 있었다. 소프트웨어가 출시되고 갈수록 기능이 많아질수록 기술 운영 업무량이 대폭 늘었다. 이전에 기술 운영 팀들은 대부분 개발과 분리된 채 관찰자로 일해 왔으나, 이제는 점점 더 개발 과정에 적극적으로 참여하게 되었다.

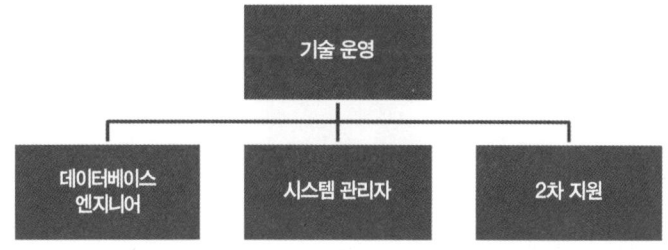

그림 1. 기술 운영 업무는 데이터베이스 엔지니어(DBA) 팀, 시스템 관리자 팀, 2차 지원 팀, 이 세 개 팀으로 구성된다.

그런데 개발 팀을 도와주는 것만으로는 충분치 않았다. 우리가 개발 팀에만 계속 집중했더라면 기술 운영 팀에서 실행하는 매우 중요한 인프라 개선 작업이 지연되었을 것이다. 두 분야 모두에서 개선이 일어나야만 했다.

게다가 개발 팀의 개선 업무가 진행될수록 관리자들에게 개선에 대한 아이디어들을 분석하고 피드백을 주어야 한다는 요구가 늘어갔다. 이 말은 곧, 관리자들이 실시간으로 업무 우선순위를 조정하고 문제를 해결하는 데 쓰는 시간이 줄어든다는 것을 의미한다. 관리자 팀은 상황을 관리할 수 없어지기 전에 무언가 조치를 취해야 함을 깨달았다.

어디서부터 시작하지?   19

기술 운영 업무의 고객인 개발 팀들에 질문하는 것부터 시작했던 점이 좋았다.

개발 팀의 눈에 비친 기술 운영 팀의 모습
"'기술 운영 팀'을 생각할 때 머릿속에 가장 먼저 떠오르는 것 세 가지는 무엇입니까?"라고 물었을 때, 다음과 같은 답변이 가장 흔했다.

"지식 수준이 천차만별이에요."
"워크플로 시스템이 형편없어요."
"인프라의 경우 매우 역량이 뛰어납니다."
"뭐 하는 사람들이죠?"
"그들은 도와주길 원하지만, 정작 그들의 도움을 받기는 어려워요."
"단순 작업을 하려고 해도 이메일을 많이 써야 해요."
"프로젝트가 지나치게 오래 걸려요."
"만나기 어려워요."

정리하면, 이것이 개발 팀의 눈에 비친 운영 팀의 모습이었다. 이제, 운영 팀의 눈에 비친 개발 팀의 모습과 비교해 보자.

기술 운영 팀의 눈에 비친 개발 팀의 모습

우리
(기술 운영 팀)

"왜 개발 팀은 기존 플랫폼의 이점을 사용하지 않는 거야?"
"제품 출시 때 고생 좀 덜 하자고!"
"개발 팀의 나쁜 품질 때문에 우리가 고생하잖아!"

"상대방이 반드시 바뀌어야 한다." 이것이 양 팀 모두의 공통된 주제였다. 우리가 공통 문제를 해결하는 데 다가서려면, 분명히 그러한 생각은 바뀔 필요가 있었다. 긍정적인 면을 보면, "인프라의 경우 매우 역량이 뛰어나다"라는 언급(핵심 역량에 대한 신뢰가 있음을 뜻한다)을 통해, 나는 올바른 근무 조건을 만든다면 '우리 대 그들'의 마음속 대립 구도를 고칠 수 있다고 믿었다. 초과 근무를 없애고 품질에 집중하는 것이 한 가지 해 볼 만한 방안이었다.

시작하기 20

시작하려고 하는데 어디서부터 시작해야 할까? 우리가 하나 확실하게 알고 있었던 것은 시작점과 끝점이 같지 않으리라는 점이었다.

나는 개발자 출신이라서 기술 운영의 본질에 대해서는 아는 바가 거의 없었다. 급진적으로 무언가를 바꾸려고 하지 않았다. 덜 대립적이면서도 우리에게 관련 있는 것들을 가르쳐 주고, 무관한 것들을 무시하며, 배우기 쉬운 접근 방법이 필요했다.

당시 고려해 본 후보들은 다음과 같다.

1. 스크럼: 개발 팀에서 잘 운영 중이었다.
2. 칸반: 새롭고 검증되지 않았지만 우리에게 부족한 린 원칙과 잘 부합하였다.

관리자들과 몇 차례 토론을 거치는 동안, 칸반과 린 원칙들이 우리가 고치려고 하는 문제들의 해결 방법으로 잘 맞는 듯 보였다. 관리자들 관점에서는 스크럼의 스프린트는 그다지 잘 맞지 않았다. 관리자들은 업무 간 우선순위를 매일 재조정하기 때문이었다. 따라서 칸반이 우리 모두에게 생소하기는 하나 논리적으로는 타당한 출발점이었다.

시동 걸기 21

팀에 어떻게 시동을 걸까? 어떻게 시작하는지에 대한 안내서는 없었다. 제대로 못하면 큰 위험에 빠질 수 있었다. 개선은 둘째 치고, 우리는 대체하기 어려운 매우 전문적이고 숙련된 사람들의 생산 플랫폼을 다루고 있었기 때문에 그들을 배제한다는 것은 정말 나쁜 생각이었다.

- 일단 시작부터 하고 난 다음에 문제가 나타나면 그때그때 대처해야 할까?
- 아니면 워크숍을 먼저 해야 할까?

어떤 것을 선택할지는 분명했다. 먼저 워크숍을 해야 한다. 하지만 어떻게 해야 할까? 기술 운영 팀 전체가 워크숍에 참석하게 하는 것은 쉽지 않은 일이었다(전화가 오면 누가 받아야 할까?). 결국 반일짜리 워크숍을 하되, 간단하고 실습 중심으로 진행하기로 결정하였다.

워크숍

워크숍의 장점 중 하나는 문제점들을 조기에 드러내는 데 도움이 된다는 것이다. 또 묵시적인 사안을 팀 구성원들이 직접 토론해 볼 수 있는 높은 신뢰 환경을 제공한다. 솔직히 말해 모두가 현재 일하는 방식을 바꿀 정도로 열정이 넘치지는 않았지만, 대다수 팀원들은 이를 시도해 볼 의향이 있었다. 따라서 우리는 가장 중요한 원칙을 시연하는 워크숍을 실시하였고 축소한 형태의 칸반을 시뮬레이션하였다.

몇 가지 기본 원칙 배우기	칸반 데모
· 일의 양을 역량에 맞게 제한하기 · 일괄 처리 크기 대 사이클 타임 · 진행 중인 일(WIP) 대 처리량(수율) · 제약 조건 이론	· 세 가지 유형의 일 　- 질문에 대답하기 　- 레고 자동차 만들기 　- 집 설계하고 짓기 · 세 번의 이터레이션 　- 각 유형별 속도 측정하기 　- 실험해보고 WIP 조정하기 · 결과 보고

워크숍이 끝날 때쯤 우리는 팀이 정말로 칸반을 시도해 보려는 의지가 있는지 확인하고자 '다섯 손가락' 투표를 실시하였다. 아무도 반대 의사를 표하지 않아서 칸반 적용에 대한 허가를 얻었다('다섯 손가락' 투표 방법은 합의를 이끌어 내는 기법이다. 개별 참여자들은 자신이 동의하는 정도를 손가락 한 개에서 다섯 개 사이로 표시한다. 손가락 다섯 개는 강한 동의를 뜻하고, 한 개는 강한 부정을 뜻하며, 세 개는 유보적인 입장의 동의를 뜻한다. 그룹의 모든 사람이 각자 적어도 손가락을 세 개 이상 들어 보이면 합의가 이루어진다).

22 이해당사자들과 접촉하기

칸반을 실행함으로써 이해당사자들도 영향을 받을 것 같았다. 하지만 변화는 더 나아지기 위한 것이다. 무슨 뜻이냐면, 팀이 완료할 수 없는 일에 대해 "못한다"라고 말하고, 품질을 중요시하며 팀의 백로그에서 우선순위가 낮은 일들을 제거하기 시작할 것이라는 의미다. 그래도 미리 의논하는 것은 늘 좋은 생각이다.

가장 가까운 이해당사자들은 직속 지원 부서와 부서 관리자들이었다. 그들은 워크숍에 참석했기 때문에 칸반을 적용하는 데 이미 긍정적이었다. 개발 팀 역시 마찬가지였다. 그들은 어찌 됐건 정도의 차이는 있어도 개선을 기대하고 있었다. 하지만 어떤 팀(지원 팀)에서는 상황이 달랐다. 그들의 가장 중요한 문제는 일이 너무 많다는 것이었다. 게다가 그들은 고객 이슈들을 처리하고 있었고 회사는 모든 이슈에 응대할 의무가 있었다. 이제 우리가 칸반을 실행하고 WIP 리밋을 강제하기 시작한다면 이러한 점은 쉽게 변할 것 같았다.

그래서 주요 이해당사자들을 만나 우리의 의도와 기대할 수 있는 이점, 가능한 결과들을 제시하였다. 다행히 우리 생각은 대체로 잘 받아들여졌으며 "그런 이슈들을 해결할 수 있다면 정말 대단한 겁니다"라는 말을 듣기도 했다.

보드
처음 만들기

23

칸반 보드를 처음 만들 때 좋은 방법은 가치 흐름도(value-stream map)를 이용하는 것이다. 이는 기본적으로 가치 사슬을 시각화한 것으로 업무 상태(단계)와 흐름, 시스템을 통과하는 시간(사이클 타임)에 대한 통찰을 제공한다.

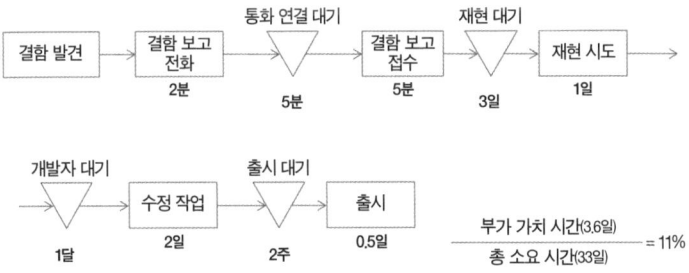

하지만 우리는 훨씬 간단하게 시작했다. 관리자와 함께 종이에 칸반 보드 샘플을 그려보고 몇 차례에 걸쳐 검토한 다음에 진행하였다. 이 단계에서 나온 질문들은 다음과 같다.

- 우리가 하는 일의 종류에는 어떤 것들이 있는가?
- 누가 그것을 처리하는가?
- 서로 다른 종류의 일들에 대해 책임을 공유해야만 하는가?
- 특화된 기술에 대해서는 어떻게 책임을 공유할 것인가?

업무 종류가 서로 다르면 필요한 서비스 수준도 서로 다르므로 각 팀이 상황판을 스스로 설계하도록 하는 것이 자연스럽게 느껴졌다. 그들은 상황판의 행과 열을 스스로 만들었다.

그다음으로 큰 결정은 종류가 서로 다른 업무에 대해 공동 책임을 질지 정하는 것이었다. "팀의 일부는 항상 즉각적인 응답이 필요한 일(요청에 따라 반응하는 일)을 처리하도록 하고 팀의 나머지는 프로젝트(자발적으로 실행하는 일)에 집중하도록 해야 할까?" 처음에는 공동 책임을 지기로 결정했다. 그렇게 하기로 한 가장 큰 이유는 자기 조직화와 지속적인 학습, 그리고 팀원 일부에 대한 지식 전달이 성장을 뒷받침하는 데 필수라고 인식했기 때문이다. 이러한 결정의 단점은 잠재적으로 모든 사람이 업무 집중에 방해를 받을 수 있다는 점이었지만, 시작할 당시 우리가 생각할 수 있는 최고의 해결책이었다. 참고할 점이 있다. 우리가 워크숍을 열었을 때 팀들은 실제로 이 문제에 대하여 자기 조직화하였다. 그들은 어느 한 사람이 즉각적인 요청에 대해 대응하도록 하고 나머지 사람들은 더 큰 문제들에 대응하도록 하였다.

첫 번째 칸반 모델

다음은 우리가 사용했던 칸반의 기본 모델이다. 업무 흐름이 왼쪽에서 오른쪽으로 흐르게 하는 전형적인 모델과 달리 마치 물속에서 공기 방울이 솟아오르는 것마냥 아래에서 위로 흘러가게 팀에서 정했다는 점을 주목하자.

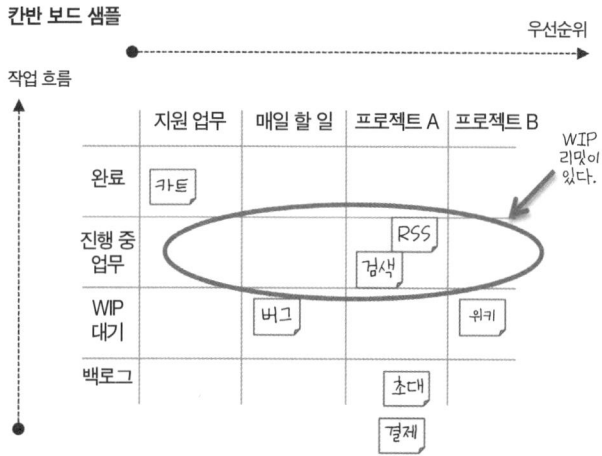

그림 2. 이것은 첫 번째 칸반 보드 모델이다. 우선순위는 왼쪽에서 오른쪽으로 올라가고, 업무 흐름은 위쪽 방향이다. WIP은 진행 중인 업무 행(검정색 동그라미)에 있는 일의 총 개수다. 린다 쿡(Linda Cook)이 소개했던 경험에 영향을 받은 모델이다.

그림 3. 시스템 관리자 팀을 위한 첫 번째 칸반 보드

행에 들어가는 것들

업무 흐름 상태(행)	정의 방법
백로그(남은 일 목록)	관리자가 필요하다고 결정한 스토리들
WIP 대기	추정된 스토리들로 최대 8시간 단위의 작은 작업들로 쪼갠다.
진행 중 업무	WIP 리밋이 있는 열. 우리는 리밋을 '2 × 팀 크기 − 1'(1을 뺀 것은 협업을 위한 것)로 시작했다. 따라서 4명으로 이루어진 팀의 경우 WIP 리밋은 7이다.
완료	사용자가 운영을 하게 됨

열에 들어가는 것들

업무 종류	정의 방법
출시	개발 팀이 소프트웨어를 출시하도록 도와주기
지원	다른 팀들의 소소한 요청들
비계획	명백한 소유자가 없으며 예상치 못한 업무지만 처리해야만 하는 일. 예를 들어 사소한 인프라 개선 작업들
프로젝트 A	큰 규모의 기술 운영 프로젝트. 예를 들어, 스테이징 환경의 하드웨어 교체
프로젝트 B	또 다른 큰 프로젝트

모든 칸반 상황판이 똑같아 보이지 않는다. 모두 간단한 스케치로부터 출발했고 꾸준히 발전해왔다.

24 진행 중인 일의 개수(WIP) 리밋 처음 설정하기

우리의 첫 WIP 리밋은 상당히 관대했다. 작업 흐름을 시각화함으로써 어떤 일이 있었는지, 무엇을 경험했는지 볼 수 있었다. 그렇지만 처음부터 최적의 리밋 수치를 추측할 수 있을 것 같지는 않았다. 시간이 흐름에 따라 타당한 이유가 있을 때마다 WIP 리밋을 조절하려고 하였다(우리가 해야 할 모든 것은 보드의 한 지점이다).

처음 설정한 WIP 리밋은 2n-1이었다(n은 팀원 수이고 -1은 협업을 장려하기 위한 값). 왜 이렇게 했냐고? 별로 더 좋은 아이디어가 떠오르지 않았기 때문이다. 그리고 시작하기에 논란의 여지가 별로 없어 보였다. 팀에 일을 주려고 하는 사람들에게 이 수식은 단순하고 논리적인 설명이 되었다. "… 각 팀원이 한 번에 최대 두 가지 일을 할 수 있는데, 하나는 지금 진행 중이고 다른 하나는 대기 중입니다. 팀에 **더** 많은 일을 주어야 하는 이유는 뭐죠?" 돌이켜보면, 어떤 관대한 리밋도 처음 시작하는 팀에는 먹혔을 것이다. 칸반 보드를 계속 지켜보면 적절한 리밋을 알아내기 쉽다.

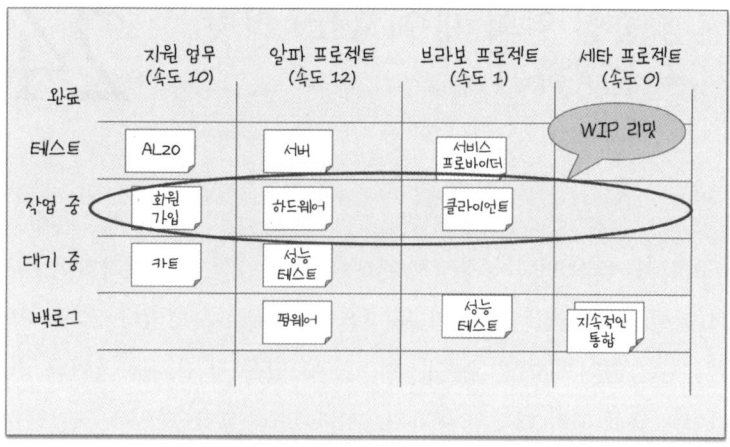

그림 4. 데이터베이스 관리자와 시스템 관리자 팀에 어떤 WIP 리밋을 두었는지 보여준다. 업무 유형별로 WIP 리밋 한 개를 두었다.

우리가 경험했던 것 한 가지는 스토리 포인트에 WIP 리밋을 두는 것은 쓸모없다는 점이다. 이력을 추적하기가 정말 어렵기 때문이다. 이력 추적을 할 수 있을 만큼 쉬운 WIP 리밋은 단순히 아이템 개수(즉, 동시 진행 중인 작업 개수)를 세는 것뿐이었다.

지원 팀에서는 WIP 리밋을 보드의 열마다 사용하였다. 이는 WIP 리밋이 넘치려고 할 때 신속하게 대응해야 할 필요가 있었기 때문이다.

WIP 리밋 지키기

25

WIP 리밋을 존중하는 것이 이론적으로는 쉽게 들리지만 실제로 이를 지키기는 어렵다. 어떤 단계에서는 "아니오"라고 말해야 함을 뜻하기 때문이다. 우리는 이런 상황에 대처하려고 다양한 방법을 시도해보았다.

보드 앞에서 토론하라

WIP 리밋 위반이 발견되면 우리는 이해당사자를 보드 앞으로 데려와서 그들이 달성하고자 하는 바가 무엇인지 물었다. 초기 위반의 가장 빈번한 이유는 칸반 경험 부족이었다. 어떤 경우에는 우선순위를 부여하는 데 시각 차이가 있었고, 전형적으로 전문가 팀이 특정 영역에서만 일하였기 때문이었다. 이러한 것들이 우리가 마찰을 빚었던 유일한 경우로, 문제들은 대부분 보드 앞에서 토론을 통해 그 자리에서 바로 해결되었다.

초과 구역에 넣기

"아니오"라고 말하는 것이 대립을 불러일으키고 아이템을 제거하는 것이 어려울 경우, 우리는 우선순위가 낮은 아이템들을 '초과(overflow)' 구역으로 옮겨 놓았다. 초과 작업에 대해서는 다음 두 가지 규칙을 적용하였다.

1. 잊지 않는다. 시간이 있을 때마다 그것들을 처리할 것이다.
2. 그것들을 버리기로(하지 않기로) 했다면, 그에 대해 통보할 것이다.

2주가 막 지났을 때 초과 구역에 속한 작업들은 앞으로도 전혀 처리되지 않으리란 것이 분명해졌고, 결국 팀 관리자들의 도움을 얻어 작업들을 마침내 제거할 수 있었다.

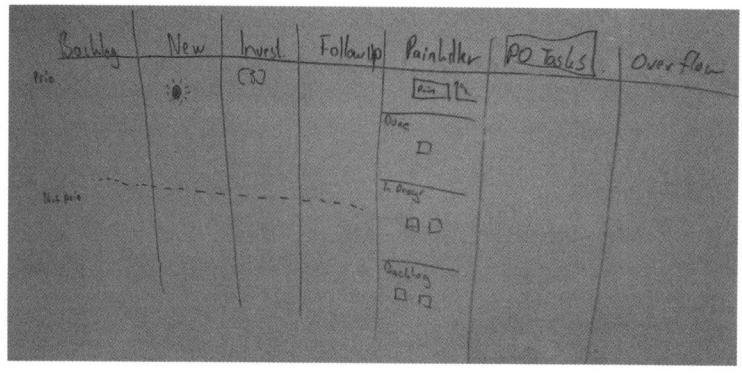

그림 5. 지원 팀의 칸반 보드 스케치. 초과 구역은 맨 오른쪽에 위치해 있다.

칸반 보드에는
어떤 작업이 올라가는가?   26

앞서 팀이 완료한 일을 모두 칸반 보드에 올리지는 않기로 결정한 바 있다. 전화 업무나 커피 마시기 같은 것들을 모니터링하는 것은 칸반을 관리 목적으로 악용하게 만든다. 우리 목적은 문제를 해결하고자 함이지, 문제를 만들고자 함이 아니다. 그래서 한 시간 이상 걸리는 일만 칸반 보드에 올리기로 했다. 그보다 작은 일은 모두 '백색 소음 (귀에 쉽게 익숙해지기 때문에 작업에 방해되는 일이 거의 없으며, 오히려 거슬리는 주변 소음을 덮어주는 작용을 한다)'으로 여기기로 했다. 한 시간 제한은 꽤 잘 들어맞았으며 이는 변하지 않았던 몇 가지 중 하나였다(하지만 한참 뒤에 우리는 배경 잡음(대상으로 하고 있는 소리 이외의 소리)의 영향에 대한 가정을 수정해야 했다).

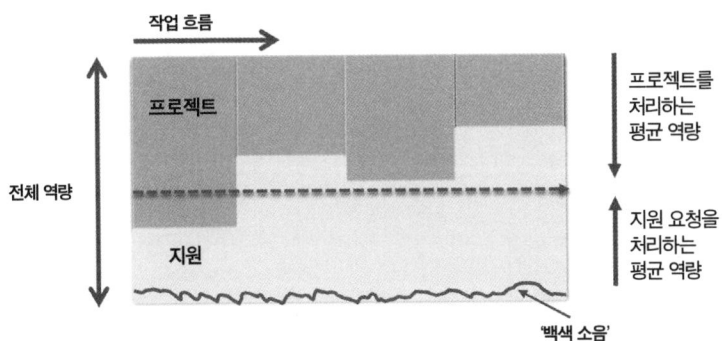

그림 6. 우리는 주로 두 종류의 일을 하는 데 전체 역량을 사용한다는 가정에서 출발하였다. 하나는 큰 일 (프로젝트)이고 다른 하나는 작은 일(지원 업무)이다. 프로젝트 진행 속도를 추적해보니 필요할 때 출시일이 언제가 될지 알 수 있게 되었다. '백색 소음'(한 시간 미만의 지원 업무, 회의, 커피 마시기, 동료 돕기 등)은 언제나 있기 마련이었다.

어떻게 추정하는가? 27

이것은 현재 진행형인 주제이며, 분명히 이에 대한 답은 하나가 아니다.

- 정기적으로 추정한다.
- 필요할 때 추정한다.
- 이상적인 소요일이나 스토리 포인트를 추정에 사용한다.
- 추정은 불확실하다. 티셔츠 크기를 사용하자(대, 중, 소).
- 추정하지 말거나 정당화할 수 있는 지연 비용이 있을 때만 추정하자.

스크럼에 살짝 영향을 받아서(어쨌든 칸반은 스크럼에서 유래했다) 우리는 스토리 포인트를 가지고 시작하기로 결정했다. 하지만 실제로 팀들은 스토리 포인트를 공수(man-hour)와 똑같이 취급하였고 그게 그들에게는 무척 자연스러워 보였다. 처음에는 모든 스토리에 대해 추정하였는데, 시간이 지남에 따라 관리자들은 동시에 진행하는 프로젝트 개수를 줄인다면 이해당사자들을 기다리지 않게 할 수 있다는 사실을 배우게 되었다. 더불어 갑작스런 변경이 발생하는 경우에 우선순위를 재조정해 문제를 해결할 수 있다는 것도 배웠다.

   출시일을 추정하는 것은 더는 큰 문제가 아니었다. 덕분에 관리자들이 개발 초기에 추정하라고 요구하는 것을 멈추게 했다. 대신 사람들을 기다리게 할까 우려되는 경우에만 추정을 요구했다.

예전에 한번은, 전화 받기에 지친 한 관리자가 프로젝트 출시일을 "이번 주말까지"라고 약속하였다. 프로젝트를 칸반 보드에 올려놓자 진척도를 추정하는 일은 쉬웠으며(완료된 사용자 스토리 개수를 세어) 일주일이 지나 25% 정도가 완료되었다는 것을 알게 되었다. 따라서 일을 모두 마치려면 3주가 더 필요했다. 이러한 사실을 알게 된 관리자는 프로젝트 우선순위를 조정하고 동시에 작업 중이던 일을 중단시켜 그 날짜에 출시될 수 있도록 했다. 항상 보드로 확인하라.

추정된 크기는 무엇을 의미하는가? 리드 타임인가 아니면 작업 시간인가?
우리의 스토리 포인트는 리드 타임 또는 달력 상의 날짜나 기다려야 하는 시간이 아니라 작업 시간을 반영했다. 즉, 해당 스토리를 완료하는 데 주변 방해가 없다고 가정하였을 때 예상되는 소요 시간을 나타냈다. 하지만 매주 완료된 사용자 스토리 포인트(속도)를 계산하여 리드 타임을 유추할 수는 있었다.

우리는 신규 사용자 스토리에 대해 한 번만 추정하였고 실행하는 동안에는 추정을 다시 하지 않았다. 이 덕분에 팀이 추정에 쓰는 시간을 최소화할 수 있었다.

28

그래서 정말
어떻게 일했나?

칸반은 정말 제약이 전혀 없다. 어떤 방법으로든 활용할 수 있다. 여러분은 팀을 일정 기반의 활동에 맞춰 일하게 하거나, 스스로 해결해 나가도록 충분히 동기가 부여된 상태로 일하게 할 수 있다.

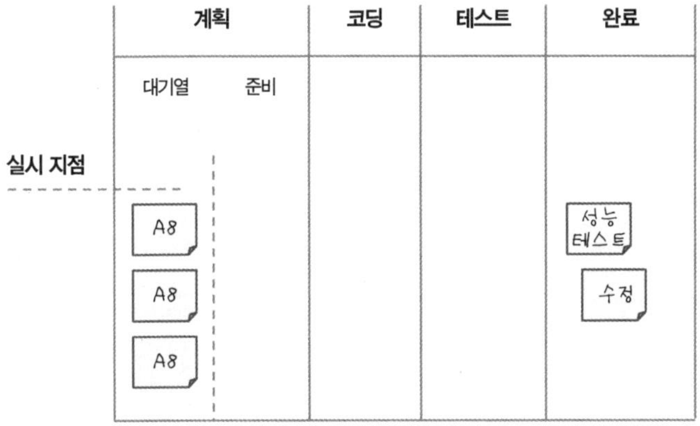

그림 7. 백로그에 작업이 세 개 들어오면 계획과 추정을 실시한다.

우리는 두 가지 반복 이벤트에 대해 일정을 잡기로 했다.

- 일일 스탠드업 미팅: 팀이 보드 앞에 모여 문제를 마주하고, 다른 팀원들의 작업에 대한 관점을 공유하는 데 도움이 된다.
- 매주 이터레이션 계획 회의: 계획 수립과 지속적인 개선을 목적으로 한다.

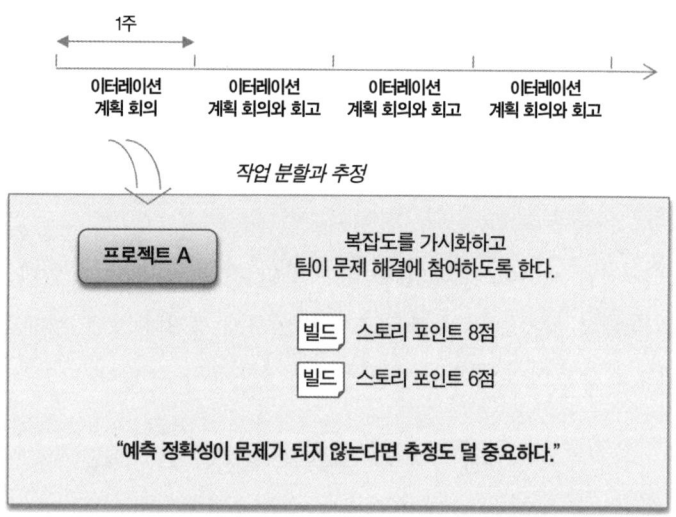

이것은 우리에게 잘 들어맞았다.

일일 스탠딩 미팅

일일 스탠드업 미팅은 일일 스크럼과 비슷하다. 이는 모든 팀(개발, 테스트, 운영)이 참여하는 일일 '스크럼들의 스크럼' 미팅 이후에 실시하였다. 스크럼들의 스크럼은 칸반 팀들에 중요한 정보를 주었다. 예를 들어 어떤 문제를 가장 먼저 해결해야 하는지, 현재 어떤 개발 팀이 가장 곤란에 처해 있는지 등이었다. 처음에 관리자들은 이러한 일일 스탠드업 미팅에 자주 참석하여 해결책을 제안하고 우선순위를 결정해 주었다. 시간이 지나 팀들이 스스로 문제를 해결하는 자기 조직화된 팀으로 성장하자 관리자들의 참여 빈도가 줄었다(하지만 필요할 때는 참석하였다).

이터레이션 계획 회의

일주일에 한 번, 우리는 이터레이션 계획 회의를 했다. 매주 정해진 시간에 했는데, 그렇게 하지 않으면 이터레이션 계획 회의 시간은 다른 우선순위 업무들에 밀려 생략되기 일쑤였기 때문이다. 게다가 우리는 팀 내에 더 많은 대화가 필요했다. 일반적인 안건들은 다음과 같았다.

- 차트와 보드 갱신(완료한 프로젝트들은 '작업 완료 칸'으로 이동한다)
- 지난주를 돌아보자. 어떤 일이 있었는가? 왜 그렇게 했는가? 그것을 개선한다면 뭘 할 수 있을까?
- (필요 시) WIP 리밋 조정
- (필요 시) 업무를 잘게 쪼개고 새로운 프로젝트 일정을 추정하기

기본적으로 이터레이션 계획 회의는 추정과 지속적인 개선을 결합한 것이다. 작은 크기부터 중간 크기의 문제들은 직속 관리자의 지원을 받아 그 자리에서 즉시 해결하였다. 하지만 지속적으로 복잡하고 기반 구조적인(인프라) 유형의 문제들을 해결하려고 하는 것은 더

디고 매우 힘들었다. 이것을 대처하고자 우리는 팀이 관리자들에게 '팀 장애 요인'을 최대 두 개 할당할 수 있도록 하였다. 규칙은 다음과 같았다.

1. 관리자는 언제든 두 개까지 업무를 받을 수 있다.
2. 관리자가 업무를 두 개 모두 받은 상태라면, 여러분은 덜 중요한 것 하나를 빼고 새로운 업무를 다시 관리자에게 줄 수 있다.
3. 팀이 해당 업무가 언제까지 해결되어야 하는지를 결정한다.

이는 긍정적인 변화였다. 갑자기 팀들은 관리자들이 심지어 어려운 문제일지라도 자신들을 도우려고 노력하는 모습을 볼 수 있었다. 팀은 방해물을 가리키며 "어떻게 되어 가고 있나요?"라고 물어볼 수 있었다. 그것들은 새로운 우선순위 전략으로 인해 잊혀지거나 무시되지 않았다.

 심각한 장애 요인 한 가지 예는 운영 팀에서 제품 결함이 의심되었을 때 개발 팀으로부터 필요한 도움을 받지 못하는 경우였다. 시스템의 어느 부분이 문제를 일으키는지 알아내는 데 개발 팀의 도움이 필요했지만 개발 팀은 스프린트 기간 동안 새로운 기능을 개발하느라 바빠서 문제들은 계속 쌓여갔다. 당연히 운영 팀은 개발 팀이 품질에 대해 충분히 신경 쓰지 않는다고 느꼈다.

 이러한 장애 요인이 표면으로 드러나자, 처음에는 직속 관리자에게 전달되고 나중에는 조직 책임자에게 전달되었다. 조직 책임자는 개발 총책임자와 함께 회의를 소집하였다. 이어진 토론 과정에서 조직 책임자들은 품질을 최우선으로 삼기로 합의하였다. 그들은 라운드 로빈(round robin) 형태의 지원 해결안을 고안해 냈다. 이 방법은 매

스프린트마다 돌아가며 한 개발 팀이 '상시 대기' 상태로 운영 팀의 도움 요청에 즉각 대응하는 것이었다. 개발 총책임자는 관리자들로부터 지원 확인을 받고 나서 담당자들의 목록을 지원 팀에 건네주었다. 지원 팀은 즉시 이 해결안을 검증해 보기로 했다. 계획한 대로 동작하지 않을 것이라 의심하면서 말이다. 그런데 이번에는 정말이었다. 필요한 사항들이 준비되어 있었고 장애 요소는 사라진 것 같았다. 이로써 운영 팀은 크게 안심했다.

적합한 방식으로 계획하기

29

이야기 하나

어떤 팀의 전환점이 떠오른다. 나는 그 팀의 두 번째 추정 시간에 그들과 함께 앉아 있었다. 팀은 어떻게 추정해야 할지 알 수 없는 프로젝트와 씨름하고 있었다. 모르는 부분이 너무 많아서 전체 추정 시간이 그대로 멈추어 있었다. 끼어들어 일을 해결하는 대신에 나는 그들에게 더 나은 해결책을 찾기 위해 프로세스를 다듬어 보는 것은 어떻겠냐고 물었다. 관리자 주도로 팀은 도전 과제를 하나 골라 그들만의 해결책을 설계하기 시작했다. 이 사건은 그들이 확신에 찬 팀으로 발전하는 데 있어 '성공 체험'을 한 중요한 전환점이었다. 이 사건 이후 우리가 한걸음 물러나 있어야 할 정도로 팀은 매우 빠르게 발전하기 시작했다.

두 달 뒤, 그 팀의 관리자가 회고를 마친 뒤 나를 찾아왔다. "문제가 생겼어요." 그가 자기 팀의 칸반 보드를 가리키며 말했다. "우리는 진짜 문제가 하나도 없어요. 어떻게 해야 하나요?"

계획하는 방법 다시 고안하기

팀원 전체가 참여하는 플래닝 포커를 사용한 추정 방식이 모든 종류의 운영 팀에 잘 맞지는 않았다. 몇 가지 이유는 다음과 같다.

1. 팀 내에서 지식이 고르게 퍼져 있지 않았다.

2. 대부분의 경우 한 사람만 말했다.

3. 팀원들은 지금 발등에 떨어진 다급한 문제들을 해결하기를 원했다.

하지만 실험을 통해 운영 팀들은 독자적으로 두 가지 서로 다른 추정 프로세스를 고안해 냈으며, 각 방식은 해당 팀에 잘 맞았다.

접근법 1. 작업 전환과 검토

- 각 프로젝트/사용자 스토리마다 선임 개발자와 신입 개발자가 짝

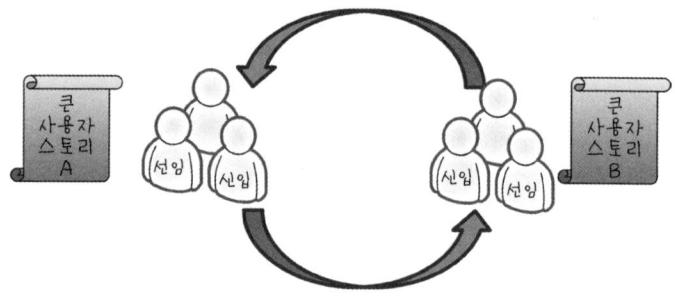

을 이루어 추정을 한다. 즉, 해당 사용자 스토리에 대해 잘 아는 한 명과 그렇지 못한 다른 한 명이 짝을 이룬다. 이렇게 함으로써 지식이 전파된다.
- 남은 팀원들은 추정을 도와주고 싶은 사용자 스토리를 선택한다. 단, 효율적인 토론을 위해 한 사용자 스토리당 네 명의 인원 제한을 둔다.
- 추정할 때마다 팀은 맡은 사용자 스토리를 작업으로 쪼개고, 필요하다면 추정도 한다.
- 그런 다음 팀들은 자리를 바꾸어 사용자 스토리를 서로 교환하고

상대 팀의 작업을 리뷰한다(팀당 한 명은 자기 팀이 한 일을 리뷰어들에게 설명하기 위해 자리를 바꾸지 않는다).

- 완료!

통상 전체 이터레이션 계획 회의 시간은 45분 정도 소요됐고 회의 시간 내내 활기에 넘쳤다. 사용자 스토리들을 넘겨받아 새로운 시각으로 리뷰하게 되면 보통 한두 가지 수정 사항이 있었다.

접근법 2. 고참이 상위 수준에서 먼저 검토하고 나서 추정하기

계획 회의에 앞서 고참 팀원 두 명이 사용자 스토리/프로젝트에 대한 상위 수준의 검토를 한다. 그들은 아키텍처적인 해결책들을 분석하고 해당 문제에 적용할 한 가지를 선택한다. 일단 정해지면 팀 전체가 모여 제시된 해결책을 출발점으로 삼아 사용자 스토리를 작은 단위의 작업들로 쪼갠다.

그림 8. 이터레이션 계획 회의에서 다른 팀의 동료 검토를 바탕으로 작업을 분할하고 있다.

무엇을 측정할 것인가? 30

측정할 수 있는 지표는 많다. 사이클 타임(요구가 발견된 시점부터 요구가 만족될 때까지의 시간), 속도, 대기열, 번다운 등이 있다. 중요한 질문은, 프로세스를 개선하는 데 어떤 지표를 사용할 수 있는지다. 내가 권하는 바는 여러 가지를 실험해 보고 여러분에게 맞는 게 무엇인지 확인해 보라는 것이다. 우리의 경우 번다운 차트를 4주 미만의 프로젝트에서 사용하는 것은 지나친 일이라는 점을 알게 되었다. 전체적인 진행 상황은, 단순히 칸반 보드를 봄으로써(백로그에 스토리가 몇 개나 있는지, 그리고 완료된 것은 몇 개인지) 알 수 있다.

지표 후보들	장점	단점
사이클 타임	쉽게 측정할 수 있다. 추정할 필요가 없다. 고객과 함께 시작하고 마친다.	크기를 고려하지 못한다.
전체 속도(모든 일의 종류를 종합한)	다소 부정확하나 개선 방향과 속도 변화 방향을 쉽게 알려준다.	특정 종류의 일에 대한 납기를 예측하는 데 도움이 되지 않는다.
일의 종류별 속도	전체 속도보다 정확하다.	쓸모 있으려면 고객 요구가 생긴 시점부터 완료된 시점까지의 시간을 재야 한다. 전체 속도에 비해 추적하는 데 시간이 더 많이 걸린다.
대기열 길이	요청의 변화 추이를 빨리 알 수 있다. 쉽게 가시화할 수 있다.	문제의 원인이 고르지 못한 요청 때문인지, 고르지 못한 역량 탓인지 구분할 수 없다. 대기열 길이가 0인 경우는 실제로는 과잉을 뜻할 수도 있다.

우리는 '일의 종류별 속도'와 '대기열 길이'를 측정했다. '일의 종류별 속도'는 측정하기 단순하고 제 몫을 한다. '대기열 길이'는 바로 눈에 띄기 때문에 일단 그것을 어디서 찾을지 안다면 좋은 선행 지표다.

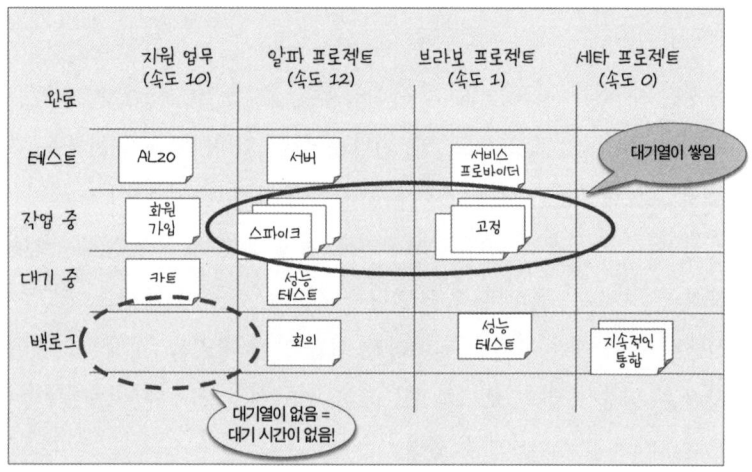

그림 9. 병목 지점들과 기회 요소들. 실선 부분은 대기열이 쌓이면서 테스팅 병목을 드러내는 모습을 보여준다. '지원' 열의 백로그에 아무것도 없다는 것은 새로운 지원 요청이 들어왔을 때 대기하는 시간이 없음을 의미한다. 이는 고객 서비스가 매우 잘 이루어지고 있다는 좋은 신호다.

우리가 누적 흐름도를 사용하지는 않았지만 사용했다면 흥미로웠을 것이다.

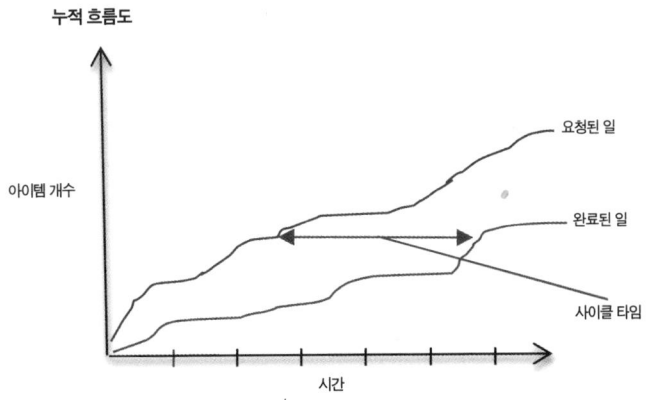

적어도 초기 성숙기에는 칸반 보드와 속도 차트에서 충분한 정보를 얻었기 때문에 누적 흐름 도표를 사용하지 않았다. 병목 지점과 고르지 못함, 초과 근무 등을 여전히 금방 파악할 수 있었고 그런 문제들을 해결하느라 처음 6개월 내내 바빴다.

변화는 어떻게 시작되었나? 31

칸반을 도입하고 석 달이 지나자, 시스템 관리자 팀은 경영진으로부터 IT 부문 '최고 성과 팀'상을 받았다. 동시에, 시스템 관리자 팀은 전사 회고 시간에 투표를 통해 '긍정적인 경험'을 한 상위 세 팀 중 하나로 선정되었다. 전사 회고 시간은 6주에 한 번 열리는 전사 차원 행사이며 그 팀이 상위 세 팀 중 하나에 선정된 것은 이번이 처음이었다! 불과 석 달 전에 그 팀은 대다수 사람에게 불평을 듣는 병목 지점이었다.

서비스 품질이 분명히 향상됐다. 도대체 어떻게 된 걸까?

가장 중요한 순간은 모든 사람이 함께 당김 방식으로 일하기 시작했을 때였다. 관리자들은 분명한 목표를 제시했고 팀을 상관없는 일로부터 보호했다. 그리고 팀은 품질과 납기에 대한 책임을 졌다. 이런 단계에 오기까지 대략 3~4개월 걸렸지만 그 이후는 순조로웠다. 세상의 모든 문제가 해결된 정도까지는 아니었지만(그렇게 되면 우리가 할 일이 없어지겠지?) 우리는 "어떻게 팀이 계속 스스로 발전할 수 있게 동기를 부여할까(팀이 더는 병목 지점이 아니게 되었을 때)?" 같은 새로운 도전에 직면하게 되었다.

자기 조직화 조각 맞추기에서 가장 중요한 조각은 "개발 팀별로 운영 팀에서 한 명씩 담당자 지정하기" 개념 도입이었다. 이는 운영 팀에서 개발 팀당 전담 인원 한 명씩을 지정하는 것을 뜻했다. 운영 팀 구성원들이 칸반을 이용하여 업무 중심으로 스스로 조직하고, 추가 근무를 방지하고, 지속적인 개선을 함으로써 이러한 것이 가능하게 되었다. 그전에는 임의의 누군가가 대기 중인 일 목록에서 일을 하나 꺼내 최선을 다해 해결하고 난 뒤 다음 작업을 시작했다. 이 경우 의사소통이 잘못되면 해당 작업을 새로운 지원 요청을 받아 처음부터 다시 해야 했다. 조직에 1 대 1(전담 마크) 개념을 도입하자, 지원 팀은 잘못된 요청이 들어오거나 품질 문제가 시스템을 위협할 때 재빨리 대응할 기회를 얻게 되었다.

맞춤형 커뮤니케이션 절차가 빠르게 발전하였다. 운영 팀 구성원들은 잘 아는 개발자들과 인스턴트 메신저로 말하고, 말보다 글이 더 나은 사람들한테는 이메일을 쓰고, 전화를 거는 게 문제를 해결하는 가장 빠른 방법이라면, 그렇게 하기 시작했다.

이전

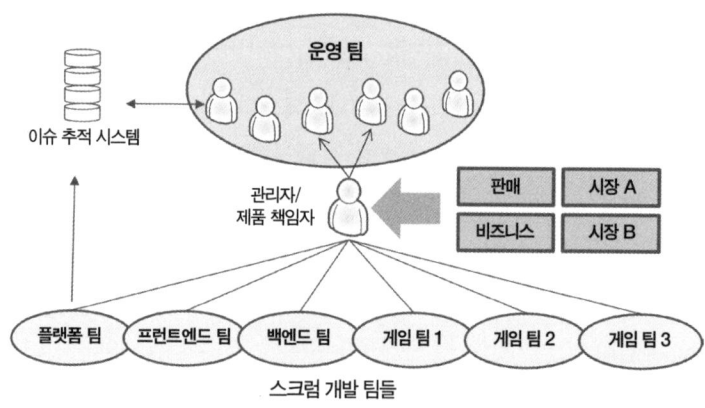

그림 10. 이전: 직속 관리자가 팀의 주된 담당자다. 처리해야 할 중요한 것은 뭐든지 그를 거쳐 간다. 자잘한 문제들, 보통 개발자의 문제들은 이슈 추적 시스템을 통한다. 사람 간 상호 작용은 거의 일어나지 않는다.

이후

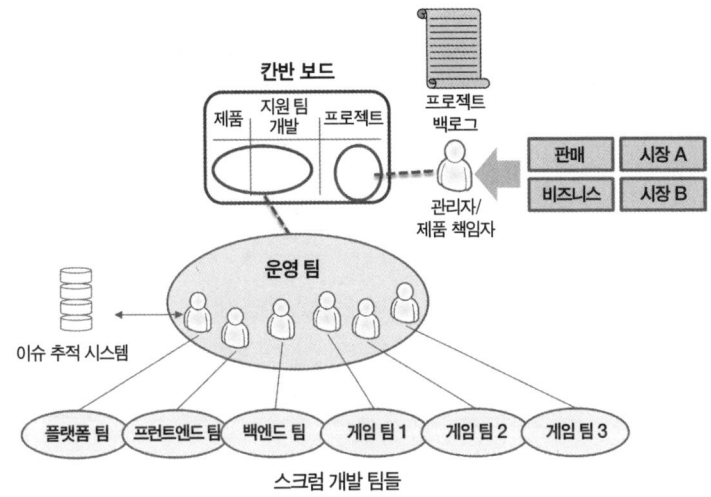

그림 11. 이후: "개발 팀당 한 명의 운영 팀 담당자 지정(전담 마크) 개념"이 적용됐다. 개발 팀은 운영 팀에 정해진 사람과 직접 이야기한다. 사람 간 상호 작용이 많이 발생한다. 운영 팀 구성원들은 칸반 보드를 사용하여 일을 자기 조직화한다. 관리자는 더 큰 프로젝트들의 우선순위를 부여하는 것과 어려운 문제들이 발생했을 때 지원을 제공하는 데 집중하는 것으로 바뀌었다.

그래서 팀의 성과에 어떤 영향을 미쳤나?

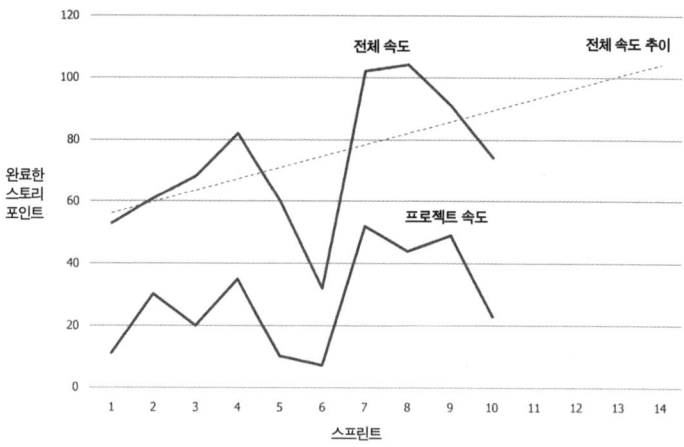

그림 12. 매주 '완료한' 스토리 포인트로 측정한 전체 속도와 프로젝트 속도. 전체 속도는 모든 열을 합한 값이고, 프로젝트 속도는 '프로젝트'(예를 들어 하드웨어 플랫폼을 업그레이드하는 것 같은 커다란 일)에 투입된 부분만 대상으로 한 값이다. 두 군데에서 보이는 갑작스런 속도 저하는 다음 두 가지와 관련이 있다. 1) 거의 모든 팀 구성원이 여행 중이었던 한 주. 2) 개발 팀의 주요 출시일

결국, 전체적으로 긍정적인 변화 추세였다. 동시에 팀은 짝 프로그래밍을 통하여 지식 나누기에 심혈을 기울였다.

데이터베이스 관리자 팀의 성과를 살펴보자.

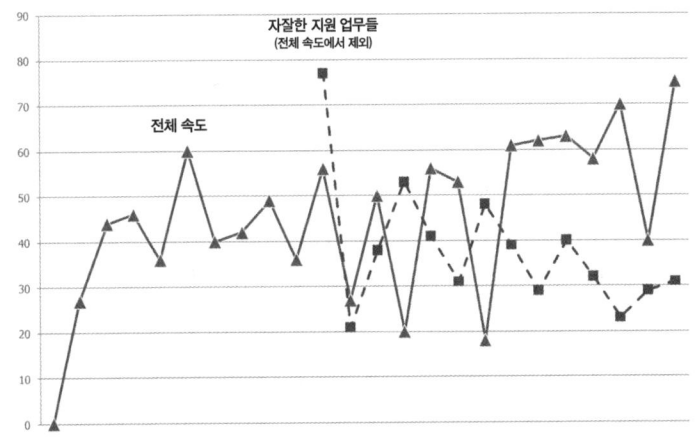

그림 13. 전체 속도와 자잘한 지원 업무들. 가운데 뚝 떨어진 부분은 크리스마스 휴가에 해당한다.

변화 폭은 상당하지만 전체 속도는 오르는 추세다. 들쭉날쭉한 변화 폭 때문에 팀은 자잘한 지원 업무(칸반 상황판에 두기에는 너무 작은 일들) 수를 지속적으로 관찰하였다. 보이는 것처럼 그래프 모습에서 자잘한 지원 업무 수와 전체 속도 사이에 명백한 반비례 관계가 있음을 알 수 있다.

지원 팀은 다른 두 팀보다 칸반을 늦게 시작해서 우리는 충분히 신뢰성 있는 자료를 아직 확보하지 못했다.

성숙

시작했을 때 문제를 찾기는 쉬웠다. 하지만 개선을 위한 가장 큰 기회가 어디에 있는지 파악하기는 어려웠다. 칸반 보드가 우리에게 완전히 새로운 수준의 투명성을 제공했다. 문제를 정확히 짚어내는 것이 쉬웠을 뿐 아니라 작업 흐름, 변동, 대기열에 대한 중요한 질문들을 하게 되었다. 우리는 대기열을 문제점을 파악하는 도구로 이용하기 시작했다. 칸반을 하기 시작한 지 넉 달이 지나자, 관리자들은 팀에 어려움을 주는 변동 원인을 없애나가고 있었다.

팀들이 개개인의 집합에서 자기 조직화된 집단으로 발전해 나감에 따라 관리자들은 새로운 방식의 리더십을 갖추는 데 도전해야 함을 깨달았다. 그들은 사람과 사람 사이의 문제들, 즉 불만 사항 해결하기, 공통 목표 정하기, 갈등 해결하기, 협상을 통해 합의하기를 좀 더 다룰 필요가 있었다. 고통이 따르는 변화였다. 그들은 이러한 것을 익히는 데 기술과 정력이 필요하다고 공공연히 말했다. 하지만 결국 그들은 이 도전 과제를 받아들였고 더 나은 리더로 성장했다.

일반적인 교훈들

32

진행 중인 작업 개수가 줄어들면 제약이 드러난다

모든 팀은 상당히 여유 있는 WIP 리밋을 가지고 시작하였다. 당시에 작업 흐름을 만들려는 노력과 조직이 필요한 지원을 받을 수 있도록 하는 데 모든 열정을 기울였다.

처음에 관리자들은 여러 개 프로젝트가 동시에 진행되기를 원했으나 몇 주 지나지 않아 낮은 우선순위의 프로젝트들을 할 여력이 없다는 것이 분명해졌다. 이는 그저 보드에서 우선순위가 낮은 업무들은 진행된 것이 전혀 없다는 사실만 봐도 알 수 있었다. 그에 따라 관리자들은 팀당 맡은 프로젝트 수를 줄였다.

시간이 지나면서, 우선순위가 높은 업무에 대해 작업 흐름이 안정되자, 우리는 WIP 리밋을 줄이기 시작했다. 현재 진행 중인 프로젝트(의) 숫자를 세 개에서 두 개, 다시 한 개로 줄였다. 이렇게 하자 팀 바깥에 있는 제약들에 직면하기 시작했다. 팀 구성원들은 그들이 다른 사람들로부터 도움을 제때 얻지 못하고 있다고 보고하기 시작했다. 따라서 관리자들은 그러한 문제를 해결하는 데 집중했다.

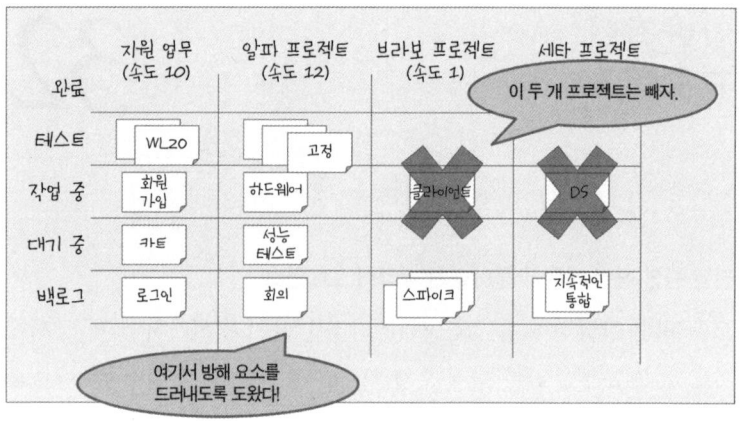

문제가 되었던 다른 것들 중 하나는 다른 팀들에서 오는 나쁜 입력으로 그 팀의 업무 효율이 낮아지는 것이었다. 들어오는 아이템들을 지속적으로 수정해야 한다면 원활하고 빠른 흐름을 유지하기 어려웠다.

이러한 문제들은 시작하기 전에는 보이지 않았다. 오히려 "먼저 풀어야 할 문제가 무엇인가?"를 묻고 그 질문에 대한 합의를 도출해 내려고 하였다. 하지만 칸반 보드가 생기자 모든 사람이 어떤 문제가 전체 흐름에 어떻게 영향을 끼치는지 볼 수 있었다. 그러자 조직 사이의 경계를 넘어 해당 문제를 해결하기 위해 힘을 모으기가 쉬워졌다.

보드는 계속 변하므로 레이아웃을 고정하려고 하지 말라

모든 칸반 보드는 계속 변한다. 보통 팀이 자신들에게 잘 맞는 것을 찾을 때까지 두 번에서 세 번 정도 다시 설계된다. 그러므로 첫 번째 보드 레이아웃에 시간을 많이 쓰는 것은 낭비다. 보드는 쉽게 재구성할 수 있다는 점을 명심하라. 우리는 검정색 띠 테이프를 사용했다. 검정색 띠 테이프는 쉽게 재구성할 수 있고 화이트보드는 물론 벽에도 잘 붙는다. 내가 봤던 또 다른 방법은 굵은 펜으로 보드의 격자선을 그리는 것이다(하지만 지울 수 있는지 확인해야 한다!).

다음은 전형적인 레이아웃 최적화의 예다. 우선순위는 처음부터 자주 바뀌었다. 따라서 포스트잇 종이가 붙은 열 전체를 앞뒤로 움직이는 것을 피하려고 팀은 우선순위 숫자를 각 열의 맨 위에 붙였다.

그림 14. 현재 우선순위를 적은 스티커가 맨 위에 붙어 있는 초기 칸반 보드

실험하고 실패하는 것을 두려워하지 말라

내가 이번 경험을 통해 얻은 교훈은 끝이란 없다는 것이다. 끝이 있다고 생각한다면 그 순간 우리는 실패한 거다. 오직, 끝없는 실험과 배움만이 있을 뿐이다. 실패하지 않는다는 것은 아무것도 배우지 못했다는 것과 같은 뜻이다. 우리는 여러 번 실패했지만(나쁜 보드 디자인, 잘못된 추정, 불필요한 번다운 차트 등) 매번 새롭고 중요한 것을 배웠다. 우리가 시도하는 것을 멈추었다면 어떻게 배울 수 있었겠는가?

칸반의 성공으로 인하여 이제 관리자 팀과 스크럼 개발 팀이 칸반 보드를 실험해보도록 영감을 불어넣어 주었다. 이 책이 도움이 되길 바란다!

마지막으로
명심할 것

회고부터 시작하라!

선택할 것도 많고, 생각할 것도 많지 않은가? 이 책이 그런 불분명한 점을 정리하는 데 도움이 되었길 바란다. 적어도 우리에게는 도움이 되었다. ^o^

 업무 절차를 바꾸고 개선하는 데 관심이 있다면, 지금 당장 여러분을 위해 한 가지 결정을 내려주겠다. 현재 정기적으로 회고를 진행하고 있지 않다면, 당장 회고를 진행하라! 그리고 회고를 진행함으로써 정말로 업무 절차에 변화가 있는지 확인하라. 필요하다면 외부 사람을 회고 진행자로 삼아도 된다.

 일단, 효과적인 회고 활동을 하면 그것이 스크럼이든 XP든 칸반이든 그것들의 조합이든, 아니면 다른 무엇이든지 간에 자신의 상황에 가장 잘 맞는 업무 절차를 발전시키기 위한 여정을 시작한 것이다.

절대로 실험을 멈추지 말라!

칸반이건 스크럼이건 그 자체가 목적이 아니다. 우리의 목적은 지속적인 배움이다. 소프트웨어 분야가 멋진 이유 한 가지는 배움에서 핵심인 피드백 주기가 짧다는 점이다. 따라서 피드백 주기를 활용하라! 모든 것에 의문을 품고, 실험해 보고, 실패하고, 배우고 다시 실험하라. 처음부터 잘해야 한다고 걱정하지 말라. 그렇게 못할 게 뻔하다. 그저 일단 시작하고 거기서부터 발전해 나가라.

유일하게 실패라고 부를 수 있을 때는 실패로부터 아무것도 배우지 못했을 때다.

하지만 역시 그 경우에도 뭔가를 배울 수 있다.

행운을 빈다. 그리고 즐겨라!

2009년 6월 24일, 스톡홀름에서, 헨릭과 마티아스

헨릭   이제 다 됐지?

마티아스 그런 것 같아. 이제 마무리할까.

헨릭   우리가 어떤 사람들인지 독자들에게 소개해야 하지 않을까?

마티아스 좋은 생각인데? 우리가 괜찮은 사람처럼 보인다면 컨설팅할 기회가 생길 거야.

헨릭   그럼 그렇게 하자! 그리고 나서 마치자.

마티아스 그래, 우린 할 일이 또 있잖아. 독자들도 그렇고.

헨릭   사실 난 이제부터 휴가야. ^o^

마티아스 이봐, 염장 지르지 마.

지은이 소개

헨릭 크니버그와 마티아스 스카린은 스톡홀름에 있는 크리스프(Crisp)의 컨설턴트다. 두 사람은 회사들이 소프트웨어 개발에 있어서 기술과 사람 양쪽에서 모두 성공할 수 있도록 돕는 일을 즐긴다. 그리고 린과 애자일 원칙을 실제로 업무에 적용하도록 하도록 수십 개 회사를 도왔다.

헨릭 크니버그

지난 10년간 헨릭은 스웨덴의 IT 회사 세 곳에서 CTO로 일했고 더 많은 회사에서 그들의 업무 프로세스를 개선하도록 도왔다. 그는 공인 스크럼 트레이너이며 정기적으로 린과 애자일 개척자인 제프 서덜랜드, 메리 포펜딕, 데이비드 앤더슨 등과 함께 일한다.

헨릭이 쓴 책, 『스크럼과 XP: 애자일 최전선에서 일군 성공 무용담』은 15만 명이 넘게 읽었으며 애자일에 관한 가장 인기 있는 책 중 하나다. 그는 국제 컨퍼런스에서 최고 발표자상을 여러 차례 받았다.

헨릭은 도쿄에서 자랐으며 지금은 아내 소피아, 아이 세 명과 함께 스톡홀름에서 살고 있다. 그는 여가 시간에 지역 밴드와 함께 작곡, 베이스 및 키보드 연주를 하는 활발한 음악인이다.

henrik.kniberg@crisp.se

http://blog.crisp.se/henrikkniberg
http://www.crisp.se/henrik.kniberg

마티아스 스카린

마티아스는 린 코치로 일하며 소프트웨어 회사들이 린과 애자일의 혜택을 즐길 수 있게 도와주고 있다. 그는 개발자부터 관리자까지 모든 역할에 대하여 조언을 한다. 한 게임 개발사가 게임 개발 기간을 24개월에서 4개월로 줄이도록 도왔고, 전체 개발 조직에 대한 신뢰를 회복하는 일을 도왔으며 칸반 초기 개척자 중 한 명이다.

창업가로서, 그는 회사 두 개를 설립, 운영했다.

마티아스는 품질 관리로 이학 석사 학위가 있으며, 미션 크리티컬한 시스템 분야에서 10년간 개발자로 일했다.

스톡홀름에 살고 있고 록앤롤 음악, 춤, 자동차 경주, 스키를 즐긴다.

mattias.skarin@crisp.se
http://blog.crisp.se/mattiasskarin
http://www.crisp.se/mattias.skarin